REGISTRO DE TRES DÉCADAS

LA ARQUITECTURA, ENTRE LA CAÍDA DEL MURO Y LA GUERRA DE UCRANIA

Editor
Arquitectura Viva SL
Calle Aniceto Marinas 32
E-28008 Madrid, España
Tel: (+34) 915 487 317
AV@ArquitecturaViva.com
ArquitecturaViva.com
Impresión
Estugraf
Imagen de cubierta
Black Marble, 2012 © NASA

Precio en España: 9,90 €
Depósito legal: M-2322-2024
ISBN: 978-84-127968-5-8

Índice

Prólogo

Estas crónicas en forma de anales aspiran a dejar constancia de los acontecimientos y protagonistas del pasado inmediato, tanto en el ámbito de la arquitectura como en el más amplio contexto político y social. Con excepción de las tres primeras, retratadas para un balance de los años noventa que apareció a su término en la revista *AV,* todas las demás se escribieron al finalizar el año que documentan, y se publicaron en los Anuarios de la misma revista. Entre 1993 y 2011, los textos aparecieron también en el Anuario del diario *El País,* que dejó de publicarse a partir de esa fecha. Dejando fuera la llamada 'década rosa' de los años ochenta, caracterizada en la arquitectura por el estilo posmoderno, las crónicas cubren el período histórico que se extiende desde la caída del Muro hasta la guerra de Ucrania, y están amojonadas por fechas esenciales. La 'década digital' de los noventa, iniciada en Berlín el 9 de noviembre de 1989, llegaría hasta el 11 de septiembre de 2001 con el derribo de las Torres Gemelas; la 'década inmobiliaria' que inició el siglo prolongando el auge económico podría extenderse hasta el 15 de septiembre de 2008 con la quiebra de Lehman, y aun más hasta el 15 de mayo de 2011 que marcó simbólicamente el vértice de la protesta popular ante la crisis; y la 'década climática' más reciente, marcada por la conciencia ambiental y la quiebra de la gobernanza global, se cerraría con la pandemia declarada por la OMS el 11 de marzo de 2020, la invasión de Ucrania el 24 de febrero de 2022, y el ataque de Hamás a Israel el 7 de octubre de 2023: tres golpes de timbal que abren una era de extrema incertidumbre geopolítica, energética, y por ende territorial, urbana y arquitectónica.

1990
Europa, año cero

El siglo que comenzó en Sarajevo ha terminado en Berlín. En noviembre de 1989, la caída del Muro abrió una época histórica nueva, habitada a la vez por la esperanza y el riesgo. Si en la película de Roberto Rosellini el Berlín devastado por la guerra era escenario de un año cero escombrado y hambriento para la Alemania derrotada, el año cero de la Alemania reunificada apenas se ha levantado la tutela soviética habla de una Europa que se enfrenta expectante al final de la Guerra Fría, y de nuevo es Berlín la encrucijada que anuda la historia y el futuro. Allí, un judío polaco con pasaporte norteamericano ha proyectado un museo en forma de rayo que zigzaguea con violencia luminosa sobre la piel de la ciudad, y que es una de las imágenes más poderosas y puras de los últimos tiempos: concebido como anejo al museo de Berlín para albergar su sección judía, la traza azarosa de Daniel Libeskind representa el trayecto fracturado y doliente de los judíos berlineses, pero también supone la madurez del deconstructivismo.

En el verano de 1988, el Museo de Arte Moderno de Nueva York anunció la emergencia de un nuevo lenguaje arquitectónico, inspirado simultáneamente por las ideas del filósofo francés Jacques Derrida acerca de la deconstrucción y por las formas inestables de las vanguardias constructivistas soviéticas. Promovido al mismo tiempo que la perestroika de Gorbachov permitía el acercamiento de rusos y americanos, este idioma fragmentado simbolizaba las incertidumbres del mundo contemporáneo y, acaso de manera premonitoria, prefiguraba también el término de la división del planeta en dos bloques política y militarmente enfrentados. Durante 1990, el Premio Nobel de la Paz a Gorbachov y la exposición de los constructivistas rusos en el propio Museo de Arte Moderno de Nueva York ha coincidido con la puesta de largo del deconstructivismo; además de Libeskind con su deslumbrante proyecto berlinés, en la primavera de 1990 otros dos norteamericanos representados en la muestra de 1988 han completado edificios significativos: el neoyorquino Peter Eisenman, que por cierto había construido en el mítico Checkpoint Charlie de Berlín a principios de los ochenta, ha terminado en Columbus el Centro Wexner, su primera realización de gran calado; y el californiano Frank Gehry ha levantado en el complejo de Vitra en Weil am Rhein el museo de la silla —su primer edificio europeo—, una pequeña gran obra expresionista y escultórica que abre caminos nuevos.

Y mientras el futuro se perfilaba en estas formas tormentosas, las instituciones de la arquitectura rendían homenaje a carreras cumplidas: el italiano Aldo Rossi recibía el norteamericano Premio Pritzker, un reconocimiento largamente merecido por la influencia intelectual y la densidad poética de su obra gráfica; el británico James Stirling obtenía el japonés Praemium Imperiale, un galardón más en la carrera de un maestro que ha sido moderno y posmoderno; el holandés Aldo van Eyck era distinguido con la Medalla de Oro del Royal Institute of British Architects, un premio singularmente tardío para una obra que alcanzó su mejor momento en los años sesenta; y la Medalla de Oro del Consejo de Colegios de Arquitectos de España se concedía igualmente a dos veteranos, el madrileño Francisco Cabrero y el catalán Oriol Bohigas. En el mes de mayo, la Unión Internacional de Arquitectos celebró su congreso trienal en Montreal, y la ocasión sirvió tanto para la presentación del Centro Canadiense de Arquitectura (promovido por Phyllis Lambert con músculo económico y ambición cultural) como para llamar la atención sobre las arquitecturas del Tercer Mundo, galardonadas a través del indio Charles Correa, que recibió la Medalla de Oro del organismo. Todo ello en un año que vio desaparecer a Hassan Fathy, un apóstol de la autoconstrucción también distinguido con la medalla de la UIA; al norteamericano Gordon Bunshaft, que recibió el Premio Pritzker como divulgador del credo miesiano a través de SOM; al introductor de la modernidad en Gran Bretaña, Berthold Lubetkin, y al pedagogo que a través de la Architectural Association renovó la escena londinense, Alvin Boyarski; al gran historiador y crítico de la cultura, el neoyorquino Lewis Mumford; y a los españoles Luis Moya y José María García de Paredes, un constructor geómetra de arquitecturas arcaicas y un maestro moderno de sensibilidad musical.

Durante el estío, la atención del planeta se centró en Italia, donde el campeonato mundial de fútbol se disputó en unos estadios renovados que ofrecieron más satisfacciones arquitectónicas que deportivas. El campeonato lo ganó Alemania, como no podía ser menos en el año de su reunificación, pero la estrella fue el nuevo estadio de Bari, construido por Renzo Piano como una flor ingrávida de pétalos de hormigón. Fue una buena temporada para el arquitecto de Génova, que también inició en la bahía de Osaka las obras del aeropuerto de Kansai, una gigantesca terminal de tensa geometría sobre una isla artificial. Otro edificio colosal, la Très Grande Bibliothèque parisina —el último de los proyectos presidenciales de François Mitterrand— comenzó igualmente a construirse, según el proyecto del joven Dominique Perrault, que ganó el concurso con cuatro grandes torres en forma de libro abierto que delimitan un monumental ámbito urbano. Pero más allá del fútbol y de las obras titánicas, la noticia del verano acabaría siendo la invasión de Kuwait por Irak, una convulsión traumática en la yugular petrolífera del mundo que desde el mes de agosto ha puesto a prueba el nuevo orden surgido de las ruinas del muro de Berlín.

En España, mientras tanto, los balances de la década socialista dejan un sabor agridulce, con formidables logros políticos y económicos entreverándose con no pocas decepciones culturales y algunos episodios de clientelismo y corrupción. La terminada ampliación del Senado y las obras de ampliación del Congreso dibujan un escenario de escasa preocupación social por los símbolos arquitectónicos de la democracia, con el país tensando sus fuerzas y centrando su atención en la preparación de los dos eventos del centenario colombino, la Expo de Sevilla y los Juegos Olímpicos de Barcelona, que están generando ambos un cúmulo de proyectos de calidad variable. Quizá nada represente tan bien el momento próspero y narcisista de España como dos interiores remodelados para la fiesta y el ocio: Torres de Ávila en Barcelona, de Alfredo Arribas, y el restaurante Teatriz en Madrid, de Philippe Starck, reflejan con talento las demandas de una sociedad hedonista y complaciente. El regreso al país de su mejor arquitecto, Rafael Moneo —tras cinco años en Harvard como *chairman* de la GSD— augura un incremento de la temperatura del debate; la remodelación del palacio de Villahermosa para albergar la colección Thyssen ha sido su primera y muy cauta intervención tras el retorno, pero los prismas inclinados de vidrio con los que ha ganado el concurso del Kursaal de San Sebastián autorizan a esperar polémicas más vivas: esos cubos fracturados hablan del azar y la incertidumbre de Europa en su año cero.

La historia se acelera

El ritmo monótono de las estaciones y los días no gobierna apenas el latido de la historia, que se remansa o se acelera como un corazón dormido o desbocado. Tras la caída del Muro se abrió una etapa de incertidumbre que hacía previsibles las arritmias cardíacas, pero aún así nada nos había preparado para la vertiginosa sucesión de acontecimientos que han hecho de 1991 uno de los años más veloces del siglo, caudaloso de cambios irreversibles y fracturas históricas. Se inició con una guerra en el golfo Pérsico imposible de asociar a ningún otro conflicto bélico anterior, tanto por la desigualdad tecnológica de los contendientes como por la naturaleza virtual y fantasmagórica de su cobertura por los medios, y se cerró con buena parte de los países europeos suscribiendo en Maastricht un tratado de la Unión que traza para el continente una geografía política inédita. Y entre esa 'tormenta del desierto' que puso a prueba el nuevo orden mundial surgido de Berlín, y el sueño compartido de los Estados Unidos de Europa, una convulsión en el Este que fracturó en pedazos la vasta Unión Soviética y agrietó dolorosamente la Federación Yugoslava, dando lugar a la aparición de un puñado de países nuevos en Europa oriental que obligan a rehacer todos los mapas.

En la arquitectura, este año acelerado tiene cabal representación con edificios veloces al servicio de las comunicaciones y transportes que anudan el globo con su tupida madeja. El tercer aeropuerto de Londres en Stansted es tan solo un pequeño nodo de esa red global, pero la terminal construida por el británico Norman Foster es tan innovadora en el tipo y tan elegante en sus geometrías luminosas y leves que poco después de ser inaugurado por la reina Isabel recibió el Premio Mies van der Rohe, una distinción concedida por un jurado que se reunió en Barcelona a la sombra de su torre de comunicaciones, que ya eleva su esbelta silueta sobre la montaña de Collserola. Esta torre ingenieril y metálica, como su contrapunto polémico, la escultórica y de hormigón levantada por Santiago Calatrava en el anillo olímpico de Montjuic, representa el fervor de las sociedades prósperas por una nueva construcción convertida en espectáculo, y que en este año también llegó a Madrid con las torres de vidrio añadidas al Museo Reina Sofía por otro arquitecto británico, Ian Ritchie.

Paradójicamente, la alta tecnología de cristal y acero parece tener mejor acogida en el continente que en su país de origen, y aunque los equipos que construyen el túnel entre Dover y Calais se encontraron bajo el Canal de la Mancha en diciembre de 1990 —uniendo física y simbólicamente Gran Bretaña con el resto de Europa—, Londres sigue bajo la tutela conservadora del príncipe Carlos, que impidió la ampliación de la National Gallery en el mismo lenguaje que los ingleses exportan a Francia, Alemania o España. La pinacoteca londinense se amplió finalmente con un proyecto del norteamericano Robert Venturi que este año ha terminado de construirse, coincidiendo de manera afortunada con el 25 aniversario de *Complejidad y contradicción,* el libro publicado por el MoMA que inició la revolución ideológica liderada por el arquitecto de Filadelfia, y con la concesión a Venturi de un Premio Pritzker que reconoce su influencia intelectual en el desarrollo de la arquitectura contemporánea. (Para cerrar el círculo de coincidencias, Venturi recibe el premio al año siguiente de Aldo Rossi, el milanés que cristalizó una revolución teórica simultánea en Europa con *La arquitectura de la ciudad,* un libro que también ha celebrado este año su primer cuarto de siglo).

Sumida febrilmente en la preparación de los fastos del centenario colombino con la Expo sevillana y los Juegos Olímpicos de Barcelona, España celebró su primera Bienal de Arquitectura, un evento que sirvió para repasar la 'década prodigiosa' de los años ochenta con más narcisismo autosatisfecho que espíritu crítico. Poco acostumbrados a recibir los parabienes del mundo, los españoles paladean sus quince minutos de popularidad con orgullo inocente y amnesia feliz, revisando una década que ha sido dorada para los edificios y de bronce para la ciudad. En plácida coexistencia, la generación de los abuelos dispara sus últimos cartuchos —algunos tan estrepitosos como los más recientes de Sáenz de Oíza, que tras el 'ruedo' residencial de la M-30 madrileña ha terminado un colosal palacio de festivales en Santander—, la generación de los padres conoce la madurez profesional —encabezada por Rafael Moneo, que ha celebrado su primer año madrileño tras volver de Harvard ganando dos importantes concursos internacionales, el Museo de Arte Moderno de Estocolmo y el nuevo Palacio del Cine en el Lido veneciano—, y la generación de los hijos presenta las credenciales para el relevo— con pocas tan brillantes como las de Enric Miralles, que junto con su esposa y socia Carme Pinós está completando un puñado de intervenciones de fascinante intensidad lírica, de la escuela de La Llauna al cementerio de Igualada.

Pero del capítulo de las obras finalizadas en España, la más brillante fue sin duda la estación sevillana de Santa Justa, terminal del ferrocarril de alta velocidad que unirá la capital andaluza con Madrid, y que constituye uno de los elementos fundamentales del esfuerzo del Gobierno socialista por modernizar el país al mismo tiempo que se mitigan los desequilibrios regionales. Proyectada por Antonio Cruz y Antonio Ortiz, dos discípulos de Moneo que con esta obra han superado a su maestro —por lo menos en el capítulo del transporte; ni la otra terminal de la alta velocidad española, la estación madrileña de Atocha, ni el simultáneo aeropuerto de Sevilla, ejecutados ambos por Moneo bajo el equívoco embrujo historicista e hipóstilo de la mezquita de Córdoba, son comparables a la estación sevillana—, Santa Justa es una obra de rara claridad y elegancia, contextual e innovadora, que sobrevivirá al bullicio de los pabellones en la isla de la Cartuja como el emblema de un sur tradicional y contemporáneo que acelera el ritmo de su existencia sin renunciar a su identidad.

Tampoco abdica de sus señas de reconocimiento la Barcelona que se dispone a recibir los Juegos Olímpicos, y mientras remodela varias zonas de la ciudad y construye nuevos escenarios deportivos, también remoza los hitos arquitectónicos en los que se incardina su cultura. Pocos tan representativos como el Palau de la Música Catalana, un edificio modernista de Domènech i Montaner rehabilitado y ampliado por Oscar Tusquets tras unas obras interminables. Su reapertura ha coincidido con la terminación de otro palacio, pero este del deporte: el Palau Sant Jordi, construido por el japonés Arata Isozaki en la colina de Montjuic, será el mayor escenario cubierto de las celebraciones olímpicas, compartiendo únicamente protagonismo con el viejo estadio vecino, reformado por el italiano Vittorio Gregotti para albergar los Juegos. Bajo los mástiles de las grúas y entre el fragor de las máquinas, también para Barcelona, para Sevilla y para España el tiempo se acelera, en estas vísperas colombinas que están siendo testigo de la mudanza de Europa.

Annus mirabilis, annus horribilis

De la exaltación al abatimiento, pocas veces el estado de ánimo colectivo ha experimentado una mutación tan extraordinaria en un solo año. El que comenzó siendo un *annus mirabilis* para la España que celebraba confiada el V Centenario del Descubrimiento (o del encuentro de culturas, para emplear términos en mejor sintonía con los tiempos) acabó calificándose de *annus horribilis,* y no solo para la monarquía británica que puso el término en circulación (tras el incendio del castillo de Windsor y la separación del príncipe de Gales, que tuvo como efecto secundario el abandono de la cruzada clasicista por parte de Carlos), sino para el conjunto de Europa y, desde luego, también para nuestro país.

El año de España había llegado con esperanza. Durante él, la Expo de Sevilla y los Juegos Olímpicos se desarrollarían con éxito, y la arquitectura española conocería su mejor momento de realizaciones y proyección exterior, iniciando una internacionalización que se vería reforzada por las numerosas obras de extranjeros en el país. Pero apenas terminados los Juegos, la crisis económica, política y bélica de Europa entró en resonancia con nuestras propias dificultades para dibujar un paisaje de desaliento acentuado por las graves amenazas ecológicas, demográficas y sanitarias que afectan al planeta: una aldea global que el avance técnico ha intercomunicado formidablemente, pero en la cual la difusión del conocimiento no ha impedido la trivialización de los medios y la mercantilización de la cultura.

Bajo el signo del espectáculo, el año se abría con un polémico acuerdo entre la Fundación Guggenheim y el Gobierno vasco para la construcción en Bilbao de una sede del museo neoyorquino, según un proyecto del californiano Frank Gehry que tiñe de expresividad escultórica la expansión geográfica de una fundación que ha introducido en el mundo del arte los criterios economicistas de las empresas mercantiles. Deslumbrante en sus formas y deplorable en sus fines, el Guggenheim de Bilbao promete ser la más brillante representación finisecular de la macdonalización de la cultura, y ello de manera singularmente paradójica en un País Vasco sacudido por la violencia de un nacionalismo radical que agita la bandera de la identidad diferencial.

Durante la primavera, y con solo una semana de diferencia, se inauguraron en París y Sevilla dos recintos sometidos a la misma lógica del espectáculo que el museo bilbaíno: Eurodisney, el primer parque temático europeo de la compañía del ratón; y una Exposición Universal que levantó un centenar de edificios sobre la isla de la Cartuja, unida a la ciudad por medio de media docena de nuevos puentes sobre el Guadalquivir, el más visible de los cuales fue diseñado por Santiago Calatrava como un arpa gigantesca. Logro organizativo, feria colosal y formidable campaña de propaganda nacional, la Expo de Sevilla fue también un costoso esfuerzo de desarrollo regional que inyectó en el sur deprimido gigantescas inversiones públicas en la forma de infraestructuras de comunicación y transporte.

El verano estuvo marcado por la agudización del conflicto bélico en la antigua Yugoslavia, ante los ojos atónitos de una Europa que llevaba medio siglo sin conocer guerras en su suelo, y que contempló con horror e impotencia la devastación de ciudades como Split, Dubrovnik o Sarajevo, con una destrucción sistemática del patrimonio urbano para la que se acuñó el término 'urbicidio'. Frente a esta catástrofe política y humana palidecen las buenas intenciones de los Gobiernos del mundo, congregados en Río de Janeiro en la mayor reunión internacional de la historia, convocada con el único objetivo de proteger al planeta de los riesgos ecológicos que amenazan su supervivencia; o el pacifista espíritu olímpico de los deportistas reunidos en Barcelona para disputar unos Juegos que no consiguieron una tregua en los Balcanes, pero que supusieron un gran éxito para la ciudad convocante, y el punto más alto de euforia colectiva y autoestima nacional de la historia reciente de España, protagonista de un espectáculo transmitido por televisión a media humanidad desde la aguja inmaterial de Collserola.

La admiración por la transformación urbana ejecutada por Barcelona con ocasión de los Juegos Olímpicos se materializó en numerosos reconocimientos, el más significativo de los cuales fue quizá la concesión del Premio Mies van der Rohe a un edificio promovido para servir de escenario a las competiciones de baloncesto, y desde el cual el *dream team* norteamericano asombró al mundo: el Palacio de los Deportes de Badalona, proyectado por Esteve Bonell y Francesc Rius con sensibilidad contextual y aplomo geométrico. Pero también el más prestigioso premio a una trayectoria, el Pritzker, se concedió ese año a un arquitecto ibérico, Álvaro Siza, un maestro de Oporto que los españoles consideran casi como propio, hasta el extremo de ser el único extranjero galardonado con la Medalla de Oro de la arquitectura española, una distinción que en 1992 recayó en los veteranos José Antonio Corrales y Ramón Vázquez Molezún, mientras el japonés Tadao Ando recibía el Premio Carlsberg y el californiano Frank Gehry incrementaba su vitrina de trofeos con el Praemium Imperiale. Y todo ello en un año que vió desaparecer prematuramente a un gran maestro, el británico James Stirling, poco después de terminar en la ciudad alemana de Melsungen un edificio en el que regresaba a sus orígenes de una forma que la muerte finge premonitoria; y en el que también falleció la arquitecta brasileña Lina Bo Bardi, el artista canario César Manrique, el historiador italiano Giulio Carlo Argan y el ingeniero británico Peter Rice, personajes todos ellos que expresaron la naturaleza plural y caleidoscópica de la arquitectura.

Apenas clausurados los Juegos Olímpicos de Barcelona, el otoño dió paso a una colosal resaca, con Europa sumida en una crisis de identidad provocada por las reacciones xenófobas al deterioro económico, los episodios de corrupción política y la incapacidad para detener la guerra en Bosnia y Croacia; y el mundo sacudido por las turbulencias monetarias producidas por los flujos de capitales sin patria, agobiado por la extensión de la epidemia del sida, y enfrentado a procesos planetarios tan potencialmente calamitosos como el calentamiento de la Tierra o la ampliación incontrolable de las corrientes migratorias. Este clima de crisis deslució la capitalidad cultural europea de Madrid, articulada en torno a la inauguración del Museo Thyssen en el palacio de Villahermosa, un edificio inteligentemente remodelado por Rafael Moneo para albergar la colección privada más importante del mundo; al final, el símbolo de este momento de desánimo acabaría siendo una pareja de torres inclinadas, construidas por los norteamericanos Philip Johnson y John Burgee para la Kuwait Investment Office en la madrileña plaza de Castilla, y que la crisis del grupo árabe dejaría inacabadas: su inclinación se convirtió en signo premonitorio de la inestabilidad española y recordatorio inquietante de la fragilidad de los equilibrios militares, políticos y económicos que sostienen nuestro mundo convulso.

Campo de estrellas

Este año no puede resumirse con alegría; pero debe cerrarse con esperanza. En la catástrofe habitual de horror y desorden, el optimismo de la voluntad encuentra constelaciones de pájaros y cometas. Aunque el fin del año propicie un escenario de ruido y furia, el centenario de Joan Miró tiñe 1993 con una sombra pálida y lírica, que redime la tiniebla violenta del año acostumbrado.

Podríamos escribir que este año circular y cruel se inicia con los ecos de una suspensión de pagos y se termina con las voces de otra. Si así fuese, sus imágenes arquitectónicas serían las torres inacabadas de KIO —vendidas finalmente en subasta a los acreedores del grupo inversor kuwaití— y la nunca construida esfera armilar de PSV —cuya primera y única piedra costó 1.700 millones de pesetas a la promotora de viviendas del sindicato UGT—, dos monumentos estériles a la codicia y a la megalomanía. Pésimas arquitecturas e ingenierías triviales, las torres inclinadas de la plaza de Castilla y el globo pinchado del polígono de Valdebernardo simbolizan, en la capital del país, el fracaso del norte financiero y el sur cooperativo que formaban las dos almas del proyecto modernizador socialista; un proyecto lesionado por la crisis y los escándalos, y que el carisma de Felipe González salvó por la campana en las elecciones de junio.

Más allá de rosas o sotos, ambos desplomes hablan del brusco despertar de un sueño que ha dejado tras de sí oficinas vacías y viviendas de humo. Al caer el telón y encenderse las luces, la magia se ha desvanecido y otros dos prestidigitadores notorios han mostrado la miseria de su maleta de trucos: López de Arriortúa, el 'superlópez' de General Motors y Volkswagen, lejos de traer una fábrica a su pueblo, ha despedido a 9.000 señores trabajadores en la gestión de una crisis industrial que ha demediado una de las empresas emblemáticas del país, Seat; y Mario Conde, el engominado líder económico que fascinó a la generación del dinero caliente, ha arrastrado a uno de los grandes bancos españoles, Banesto, a una situación dramática que no aliviará su patronazgo del ciclista Induráin.

Sin embargo, 1993 ha sido también un año mironiano y jacobeo, que ha permitido prolongar el ambiente festivo del 92 con las exposiciones del pintor catalán en Madrid, en Barcelona y en Nueva York, y con los múltiples eventos culturales gallegos y el súbito florecimiento cosmopolita de su arquitectura. Si eligiésemos destacar este componente luminoso, los edificios del año no serían unas oficinas inclinadas y una bola de promesas, sino dos museos fracturados y blancos: la Fundación Miró en Palma de Mallorca y el Centro Gallego de Arte Contemporáneo en Santiago de Compostela, dos obras singulares de dos maestros en plena madurez, Rafael Moneo y Álvaro Siza.

La planta estrellada de la Fundación Miró, construida junto al estudio que proyectó Sert para el pintor en Son Abrines, enlaza los pasos de Moneo con los de su predecesor en Harvard, y evidencia su talento para los edificios culturales, ya manifestado en el museo madrileño de la colección Thyssen, este año también felizmente noticia por la venta definitiva a España de los lienzos. Los volúmenes inmaculados del museo del maestro de Oporto, por su parte, son solo el primer resultado de un generoso desembarco de grandes arquitectos españoles y extranjeros que prometen, con su próxima presencia en Santiago, en La Coruña, en Vigo o en Pontevedra, hacer del finisterre europeo un destino de peregrinos de la arquitectura, como habrá de serlo también la ciudad de Bilbao, embarcada en un ambicioso esfuerzo de remodelación.

Pero el año ha sido también teatro de polémicas, y muchas de ellas en torno a las arquitecturas de la reunión y el espectáculo. El teatro romano de Sagunto, reconstruido por Grassi y Portaceli con decisión extremista, y paralizado después por los jueces, ha sido el caso más notorio; el Palacio de los Deportes de Huesca, una obra de Enric Miralles cuya cubierta se desplomó en abril, la más preocupante señal de alarma para la estética inestable de la deconstrucción. La crisis jurídica de Sagunto y la crisis física de Huesca han sacudido los cimientos de la profesión con más fuerza que la esperable crisis estética de la mayor obra del Ayuntamiento de Madrid, el Palacio de Congresos de Ricardo Bofill, o la inevitable crisis cronológica del Teatro Real en la misma desafortunada ciudad, donde la obra más importante del Ministerio de Cultura ha visto retrasada su apertura hasta 1995.

Por lo demás, éste ha sido el año del valenciano Santiago Calatrava, que ha alcanzado el reconocimiento de una exposición monográfica en el santuario del MoMA neoyorquino; honor en el que solo había sido precedido por el catalán Bofill, catapultado hoy al firmamento *couché* de las revistas del corazón y al zénit catódico de la ascendente televisión basura por la boda de su hijo con Chábeli Iglesias. El jurado del Príncipe de Asturias ha homenajeado la arquitectura en la persona del veterano maestro Sáenz de Oíza, primer arquitecto español que recibe el premio; y los jurados extranjeros han distinguido a nuestros jóvenes: el Premio Palladio se concedió a los madrileños Matos y Martínez Castillo, y los estudiantes españoles, con trece premios, obtuvieron la primera plaza destacada en el concurso Future Bauhaus, al que concurrieron 350 escuelas europeas. Mientras tanto, la Administración española ha mostrado su desafecto o su ignorancia de la arquitectura con una desafortunada reforma profesional y una aún más desconcertante reforma escolar.

En el mundo, la galería de galardonados del año manifiesta una notoria timidez, quizás en sintonía con el retorno a un moderado neomoderno tras el desprestigio del historicismo posmoderno y el escaso arraigo de las cabriolas deconstructivas. El Premio Pritzker y el de la UIA se han concedido por primera vez a la misma persona, el sensato y ecléctico japonés Fumihiko Maki, y los restantes premios han ido a parar a septuagenarios que dejaron su obra mejor en los años sesenta; el Praemium Imperiale al también japonés Kenzo Tange, la Medalla del AIA al norteamericano Kevin Roche, y la del RIBA al italiano Giancarlo De Carlo son galardones tan merecidos como poco novedosos. En otro orden de cosas, 1993 se cobró el peaje habitual de desaparecidos ilustres. El mismo año que murieron don Juan de Borbón, Severo Ochoa y Federico Fellini, la arquitectura registró la pérdida de la británica Alison Smithson, el finlandés Reima Pietilä, el norteamericano Charles Moore, y nuestro entrañable Ramón Vázquez Molezún.

La arquitectura solo ha alcanzado los titulares con las catástrofes o los templos expiatorios de este siglo violento, que se alumbró con sangre en Sarajevo y agoniza, también entre dolor y frustración, en la misma capital bosnia. El atentado del fundamentalismo islámico contra las Torres Gemelas de Nueva York en febrero, la devastación por el IRA de la City londinense en abril, o el incendio del parlamento ruso por el golpe de Estado de Yeltsin en octubre hablan de conflictos étnicos, religiosos y políticos que desgarran el tejido social de las culturas y el tejido físico de las ciudades, en un mundo simultáneamente más integrado por autopistas informáticas y acuerdos económicos, y más fragmentado por odios raciales o desacuerdos lingüísticos.

Aunque algunos conflictos han mostrado señales optimistas —como el apretón de manos entre Arafat y Rabin, o la campaña del lazo azul en el País Vasco—, lo cierto es que las heridas del mundo están casi todas abiertas, y las religiones se enfrentan a ellas con piedad, cálculo e impotencia. Mientras los templos musulmanes se destruyen en la India y en Bosnia, Hasán II ha construido en Casablanca la mayor mezquita al oeste de La Meca, en un esfuerzo por encauzar el auge islámico que está arrasando Argelia o Egipto; el cardenal Ovando ha construido en la arruinada Managua una catedral frente a los sandinistas y a las sectas protestantes; y los judíos norteamericanos han financiado un Museo del Holocausto en Washington que ha sido el acontecimiento arquitectónico del año, comparable solo al entusiasmo cinematográfico que ha despertado *La lista de Schindler,* las tres emocionantes horas en blanco y negro sobre el genocidio judío de un Spielberg posjurásico.

Los holocaustos cotidianos, sin embargo, continúan en un planeta devastado por catástrofes ecológicas, bélicas, económicas y sanitarias, que deletrean los signos de ese nuevo desorden internacional que ha gestado la sociedad del malestar. Pero la esperanza habita todavía en las constelaciones de Miró, con soles y mujeres, caracoles y lunas; habita en una estrella de agua transparente y verde al borde del mar. El escultor Alberto pensaba que «el pueblo español tiene un camino que conduce a una estrella». Quizá sea esta.

Vértigos finimilenarios

El fin de un milenio exige el adecuado pánico. Pero a nosotros nos será negado: no habrá tiempo. Para disfrutar decentemente del terror milenarista, es imprescindible habitar el planeta con un ritmo sosegado y vegetal que alimente incertidumbres, proyecte ansiedades e imagine fantasmas. Sin embargo, la velocidad insensata a la que todo se mueve en estas postrimerías no puede inducir sino al vértigo. Y la náusea, como bien saben los que han experimentado la sensación desvalida y abisal de los mareos persistentes, es del todo incompatible con las grietas del pánico.

Las arquitecturas de este año que termina conspiran para convocar el vértigo: aeropuertos en el mar, fachadas veloces de instituciones cambiantes, estaciones de trenes submarinos, portaaviones geométricos entre autopistas, movimientos detenidos que impiden que nada se detenga. Son arquitecturas aceleradas y colosales al servicio del flujo masivo de las personas, los objetos o las imágenes, arquitecturas del transporte y del consumo simbólico, arquitecturas de la comunicación y del cambio, arquitecturas del movimiento permanente, vertiginoso y global.

En España, los edificios más notorios han sido los más visibles: metropolitanos y formidables, deben su popularidad al emplazamiento y la escala, pero en igual medida a la contundencia del gesto formal que recorta su perfil en el parabrisas del vehículo. La Illa de Barcelona es un enorme bloque pétreo de usos mixtos construido por Moneo y Solà-Morales al borde del tráfico atareado de la Diagonal, un acantilado cubista recostado en la avenida como un rascacielos fugitivo y fatigado; la Peineta de Madrid es la grada precipitada y singular de un estadio olímpico levantado por los sevillanos Cruz y Ortiz entre baldíos y autopistas, un rizo de hormigón descomunal, desolado y fugaz. Voces en la distancia, son señales de tránsito y del tránsito.

El milenio que viene, si Jacques Attali tiene al final razón, se iniciará en el mundo con dos grandes centros de poder planetario, las economías asiáticas del Pacífico y los medios de comunicación norteamericanos; pues bien, ambas realidades han tenido este año una adecuada materialización arquitectónica. El músculo emprendedor de Asia se ha expresado admirablemente en el nuevo aeropuerto de Kansai, construido por Renzo Piano en la bahía de Osaka sobre una isla artificial, la mayor del mundo: una operación de ingeniería futurista que ha tenido el coste casi inconcebible de 2 billones de pesetas. La terminal, que con sus 1.700 metros es a su vez el edificio más largo que existe, se ha diseñado con perfiles curvos que obedecen a los flujos del aire acondicionado, guiado sin necesidad de conductos por gigantescas lamas cóncavas que dan al interior un aspecto liviano, patinado y solemne. Las economías emergentes del Pacífico tienen en este aeropuerto insular japonés una encrucijada del tráfico aéreo, pero también un signo de emulación arquitectónica.

Por su parte, la influencia abrumadora de los medios de comunicación norteamericanos se ha manifestado con elocuencia en la popularidad mediática de la arquitectura escultórica del californiano Frank Gehry, que se ha convertido en un obligado —y enérgicamente exportado— cliché cultural. En Europa, donde ya había construido los pabellones de Eurodisney, el pez de Barcelona y una *showroom* para Vitra, Gehry ha terminado este año el Centro Americano de París y la sede en Basilea de la misma Vitra, además de iniciar las obras del colosal Museo Guggenheim en Bilbao y proyectar su primer edificio en el este del continente:

un ondulante inmueble de oficinas en Praga. Esta proliferación de encargos y realizaciones del norteamericano, que ha llegado a ser también el arquitecto más premiado de los últimos tiempos, habla a la vez de la tenaz supervivencia de la arquitectura artística, y del poder de los medios que difunden las imágenes a una audiencia global.

En este planeta intercomunicado e interdependiente, los europeos procuran construir una balsa de supervivencia y acaso de segregación, tejida con una red de vínculos políticos y comerciales, pero que se enreda en los recelos de los pueblos y en los fracasos de los Gobiernos, incapaces incluso de evitar las guerras en su suelo. La apertura del túnel bajo el Canal de la Mancha ha sido el mejor símbolo de esa voluntad de integración, que arquitectónicamente se ha expresado de forma diferente en los dos extremos del tendido ferroviario.

En Londres, la estación internacional de Waterloo, proyectada por Nicholas Grimshaw, es una gran marquesina de vidrio y acero en la línea tradicional de la alta tecnología británica; en Lille, donde los trenes de Gran Bretaña se bifurcan hacia Bruselas o París, Rem Koolhaas ha proyectado sobre la estación de alta velocidad una aglomeración surreal de edificios enormes y extravagantes, emblemas de su pasión por la congestión metropolitana, que incluyen su inmenso Congrexpo oval y la torre en forma de bota de esquí de Christian de Portzamparc, inesperado ganador del Premio Pritzker en un ejercicio que no sorprendió celebrando las trayectorias de Charles Correa con el Praemium Imperiale y de Miguel Fisac con el oro español.

También en Francia, Santiago Calatrava ha terminado la estación de Lyon-Satolas, que comunica el TGV con el aeropuerto, una obra gótica e insólita, arcaica y futurista, que consigue dotar al veloz movimiento del transporte contemporáneo de una agitación ordenada, sosegada y romántica, en todo diferente de las yuxtaposiciones arbitrarias, las fragmentaciones azarosas o las transparencias inmateriales a través de las cuales se ha querido expresar el espíritu fugaz de los tiempos, y de las que constituye un buen ejemplo el último edificio de Jean Nouvel, la cristalina Fundación Cartier de París.

Menos suerte ha tenido el español en Berlín, donde el británico Norman Foster ha obtenido finalmente el encargo de la remodelación del Reichstag, símbolo donde los haya de la historia trágica de Europa, y pieza emblemática de la reconstrucción en curso de la capital de Alemania. En la gigantesca empresa, que ha reunido en la ciudad del Spree al elenco completo de las estrellas de la arquitectura, la habitual expresión individual y singular de cada una de ellas ha debido entrar en diálogo con un clima cultural berlinés que, fatigado ante el narcisismo artístico de los años ochenta, reclama una 'nueva simplicidad'. Este retorno al orden, manifiesto en ocasiones por edificios de una severidad totalitaria, entra en resonancia con las preferencias de los arquitectos más jóvenes por la tradición escueta del minimalismo, para componer un panorama en el cual el vértigo acelerado de la sociedad contemporánea se contrapone con adustos recintos de orden y silencio.

En un año que se cerró lamentando la desaparición de figuras que abrieron nuevos caminos en el paisaje —Roberto Burle Marx— o en la historia —Manfredo Tafuri—, es difícil saber si estas sensibilidades minimalistas pueden construir algo más que provisionales refugios de resistencia ante los flujos incontrolables de nuestro siglo, que generan infatigablemente obras vertiginosas. Al final, tanto la quietud autista como la agitación neurótica tienen efectos saludables y analgésicos frente a las agujas del pánico. Y no cabe esperar mayor virtud curativa de estas arquitecturas desconcertadas y finimilenarias.

Tres fiestas y un funeral

La promesa y el riesgo de la cultura global se han expresado en España a través de tres fiestas cosmopolitas y un funeral castizo. Las inauguraciones del Domus de La Coruña, el Museo de Arte Contemporáneo de Barcelona y el metro de Bilbao contrastan con la parálisis triste de Madrid, humillada por la grandilocuencia y el costumbrismo. Mientras Galicia, Cataluña y el País Vasco se dotan de arquitecturas internacionales, la capital naufraga entre la hipertrofia retórica de los museos y la proliferación de mobiliario urbano y estatuaria cívica cuyo ridículo arcaísmo mueve a la vez a la risa y al llanto.

Esta incorporación inapelable a la política y a la sociedad del espectáculo, que durante la última década se ha extendido por el mundo como una marea imperiosa y dulce, combina el fervor por lo foráneo con la devoción por lo doméstico, en proporciones variables que no excluyen la nostalgia por lo genuino que expresan los facsímiles y las réplicas.

Paradójicamente, en España las nacionalidades históricas han abrazado el internacionalismo arquitectónico. El japonés Arata Isozaki en La Coruña, el neoyorquino Richard Meier en Barcelona y el británico Norman Foster en Bilbao manifiestan la apertura española a los vientos asiáticos, americanos y europeos que están transformando un país plenamente inserto en la aventura y el áspero desafío de un mercado material y simbólico de dimensión planetaria.

En Galicia, la vela de pizarra del Domus de Isozaki ha sido el emblema de una renovación arquitectónica que ha tenido sus centros en La Coruña —donde también se ha abierto el Museo de Bellas Artes, renovado y ampliado con minuciosa sutileza por Manuel Gallego— y en Santiago de Compostela, donde al existente Centro Gallego de Arte Contemporáneo, obra del portugués Álvaro Siza, y a los edificios del alemán Josef Kleihues y del italiano Giorgio Grassi se añadirán pronto otros de los mismos Isozaki y Siza, además de una torre de comunicaciones diseñada por Foster.

En Barcelona, el manifiesto blanco y luminoso del museo de Meier en el casco viejo ha sido la pieza central de una regeneración urbana que durante este año ha tenido también hitos significativos en la apertura del complejo comercial y recreativo del Port Vell, proyectado por Piñón y Viaplana, y la inauguración parcial del Museo Nacional de Arte de Cataluña, que muestra ya su colección de ábsides románicos en el Palau de Montjuic, remodelado por la italiana Gae Aulenti.

En Bilbao, por último, la crispación de la sociedad vasca no ha impedido culminar la pieza medular de la reorganización ciudadana, un ferrocarril metropolitano cuyas estaciones y entradas han sido diseñadas con elegancia por Foster; un proyecto al que se añadirá pronto un nuevo aeropuerto, obra de Santiago Calatrava, y varios grandes edificios culturales, entre los que destaca física y simbólicamente el Museo Guggenheim del californiano Frank Gehry, cuya escultórica estructura se levanta ya a orillas del Nervión.

Tal fertilidad periférica ha tenido este año un contrapeso infeliz en el centro peninsular, donde las desventuras de Madrid se han visto incrementadas por dos infaustos episodios: un concurso disparatado y megalómano para transformar el Prado en una ciudadela de museos, y la invasión de las aceras madrileñas por varios miles de masivas columnas publicitarias de diseño aberrante que llegaron a provocar una manifestación ciudadana contra la polución física y visual.

Más allá de España, el ejercicio debe reseñar la terminación de la primera obra de Mario Botta en Estados Unidos, el Museo de Arte Moderno de San Francisco, el primer museo del suizo y el mayor de arte moderno de la Costa Oeste; la victoria de Herzog & de Meuron en el concurso para la nueva sede de la Tate Gallery londinense en una central eléctrica en desuso al borde del Támesis; la culminación por Richard Rogers en Estrasburgo del nuevo Tribunal de Derechos Humanos; o la inauguración de un centro comercial de Jean Nouvel en Euralille, una ciudad nueva proyectada por Rem Koolhaas.

Y en un año en que lamentamos la desaparición del español José Luis Fernández del Amo, que será recordado por los pueblos que construyó para el Instituto de Colonización, y del griego Georges Candilis, que cuestionó la herencia funcionalista con sus proyectos urbanos y con obras como la Universidad Libre de Berlín, el capítulo de galardones destacó a Renzo Piano con el Praemium Imperiale, a César Pelli con la Medalla de Oro de la AIA, a Colin Rowe con la del RIBA y a Tadao Ando con el Pritzker, una distinción largamente merecida por una arquitectura rigurosa, hermética y metafísica, construida con hormigón y luz.

Con Europa sumida en la desazón y la incertidumbre de la adaptación a un mundo sin fronteras económicas, y España instalada con desánimo en las postrimerías de un período político de modernización material y disgregación social, la arquitectura se enfrenta a una encrucijada inédita y borrosa, en la que la sospecha del final de un camino es tan nítida como la ignorancia del trayecto futuro. Como dijera Ortega en otra coyuntura de nuestra historia azarosa, no sabemos lo que nos pasa, y eso es justamente lo que nos pasa.

Estaciones de tránsito

El año de la mudanza política española ha sido también el de relevantes tránsitos arquitectónicos: la desaparición de Alejandro de la Sota, la definitiva consagración internacional de Rafael Moneo, la cristalización del espectáculo en el Congreso de la Unión Internacional de Arquitectos en Barcelona y el naufragio del concurso para la ampliación del Museo del Prado en Madrid han señalado con sabor agridulce las cuatro estaciones del año de la arquitectura.

La muerte en febrero de Alejandro de la Sota, el más respetado maestro español, cerró al mismo tiempo una biografía obstinada y un capítulo luminoso de la arquitectura contemporánea en la península. Testarudo defensor de las ideas frente a las formas, Sota nos legó obras esenciales, del Gobierno Civil de Tarragona al madrileño Gimnasio Maravillas, así como una desconfianza frente al estilo que elevó a categoría ética, y que sus discípulos 'sotianos' interpretaron paradójicamente con el lenguaje minimalista tecnológico de sus proyectos tardíos.

Pero el invierno de la arquitectura contempló también otros tránsitos. La muerte de François Mitterrand en enero y la derrota electoral de Felipe González en marzo señalaron simbólicamente el final de tres lustros de 'socialismo mediterráneo' en Francia y España, dos países que durante este período usaron eficazmente la arquitectura de autor como vanguardia cultural y como propaganda política. Entre la socialdemocracia y la socialopulencia, de los grandes proyectos del presidente en París a las obras olímpicas de Barcelona, arquitectura y poder vivieron un idilio cómplice y fértil.

31

Rafael Moneo obtuvo el Premio Pritzker en abril, y en junio recibió el galardón en lo alto de la colina de Los Ángeles donde se está construyendo la nueva sede de la Fundación Getty. Pero las alturas de Brentwood donde se celebró la concesión de este galardón no fueron las únicas visitadas por el navarro, que en el año recibió también la Medalla de Oro francesa y la de la UIA, y que cerró elegantemente su círculo de éxitos internacionales derrotando a los californianos Frank Gehry y Thom Mayne en el concurso para construir la catedral católica de Los Ángeles.

Significativamente, el Pritzker premió en Moneo un rigor tradicionalista que se encuentra en el extremo opuesto del vanguardismo figurativo de su hoy colega en Harvard Rem Koolhaas, el holandés cuyo monumental manifiesto *S, M, L, XL* ha sido el libro más discutido del año; un arquitecto, por cierto, que también ha obtenido en Los Ángeles su encargo más importante de la temporada, al ser elegido en mayo para diseñar una colosal ampliación de los Universal Studios, que no renuncian a competir con el imperio Disney en el terreno fascinante y equívoco del ocio.

La condición amable del estío sirvió de marco en Barcelona a un congreso de arquitectos equidistante entre el concierto de *rock* y el mitin político. Desbordada por la asistencia multitudinaria, la primera sesión del caótico evento tuvo lugar al aire libre, frente al museo de Meier, trasladándose en jornadas sucesivas al mayor recinto cubierto de la ciudad, el Palau Sant Jordi. Durante tres días de julio, el espectáculo de la arquitectura se transformó en el espectáculo de los arquitectos, celebrados como estrellas mediáticas.

Entre ellos, ninguno tan popular como Peter Eisenman, que ataviado con una camiseta del Barça predicó el evangelio de 'lo informe' —bien ejemplificado por su Centro Aronoff de Cincinnati, terminado en agosto— o, sobre todo, como Norman Foster, que debió huir de un enjambre de *pa-*

parazzi más interesados en su boda con Elena Ochoa —celebrada finalmente en septiembre— que en su arquitectura colosal y minuciosa, tan admirada por el alcalde Maragall, y que se extiende desde el Berlín de la 'nueva simplicidad' hasta el Hong Kong del acelerado borde pacífico de Asia.

El otoño anticipó su tinte melancólico con el fallo que dejó desierto el concurso para la ampliación del Museo del Prado, en un episodio más de la accidentada historia reciente de la primera institución cultural española. La exposición en octubre de los más de 500 proyectos presentados puso de manifiesto que las razones del naufragio se hallaban ya en las bases, cuya confusión indecisa es solo un reflejo del rumbo azaroso de esta pinacoteca, que el nuevo Gobierno conservador espera convertir en su nave insignia.

Tampoco fue un éxito la Bienal de Venecia, que clausuró sus embarulladas metáforas sísmicas en noviembre, después de homenajear a Philip Johnson, Oscar Niemeyer e Ignazio Gardella, y de premiar, entre otros, a Enric Miralles. Más energía que la ciudad de la laguna mostró la de los papas, que llegó a las Navidades embarcada en un amplio programa de regeneración urbana, cuyas piezas centrales realiza Renzo Piano, y que tiene la mirada —como el Londres del milenio— fija en el ya muy próximo año 2000.

Cuatro estaciones que contemplaron en su transcurso el peaje triste de las desapariciones: además de Sota, en el año fallecieron el urbanista del franquismo Pedro Bidagor y el arquitecto de modernidad moderada Julio Cano Lasso, a los que deben añadirse el historiador alemán Julius Posener, el ingeniero estadounidense Myron Goldsmith, el paisajista británico Geoffrey Jellicoe, y el arquitecto de origen ruso Serge Chermayeff, profesor en Harvard y Yale, donde tuvo como alumnos a Norman Foster, Richard Rogers o Christopher Alexander, con quien escribió el influyente *Community and Privacy,* un libro que ha educado a toda una generación.

Vísperas europeas

Las vísperas de Europa llegan con tiempo variable. Bajo la luz borrosa de las mudanzas, el año de la convergencia hacia la moneda única ha sido en España soleado y lluvioso. Soleado en el terreno económico y en el social, con un alza simultánea de las bolsas y del optimismo; lluvioso en el campo político y en el meteorológico, porque la crispación producida por los conflictos mediáticos y judiciales ha rivalizado con la inestabilidad tormentosa provocada por el calentamiento global o la corriente de El Niño. También ha habido nubes y claros en el ámbito de la cultura, que ha visto la alarma por la difusión del casticismo conservador compensada por la alegría de algunas inauguraciones muy esperadas.

Por su parte, el año de la arquitectura puede resumirse con cuatro nombres propios: Juan de Herrera, el aniversario de cuya muerte sirve de prólogo a un difícil debate sobre lo español; Sverre Fehn, cuya distinción con el Premio Pritzker abre una etapa de celebraciones escandinavas; Aldo Rossi, con cuya desaparición prematura se cierra un capítulo de la arquitectura contemporánea; y Frank Gehry, que al terminar su Museo Guggenheim de Bilbao alcanza el punto más alto de su carrera y construye el gran símbolo finisecular de la cultura del espectáculo.

El cuarto centenario de la muerte de Juan de Herrera, el arquitecto de El Escorial, se celebró en enero, y la efeméride invernal tuvo la fría acogida que suele acaecer a lo hispánico. Sin embargo, abrió el apetito para una nueva revisión histórica de lo español que pasa inevitablemente por su patrón, Felipe II, cuyo propio centenario en 1998 ha comenzado ya a dar frutos importantes, que entrarán en resonancia con otra conmemoración patriótica y cultural, los cien años del desastre del 98. El que es quizá el más importante arquitecto español anterior a Gaudí fue un creador intelectual cuya estatura crece con el tiempo, en paralelo a la de su rey, un administrador y mecenas renacentista cuya figura solo ahora se desprende de los tintes sombríos que le otorgó la propaganda de las guerras de religión y su asociación a los sueños imperiales y al clasicismo herreriano del franquismo de posguerra.

Estas visiones renovadas de la historia de España se abren paso, no sin polémicas políticas y educativas, entre el fervor de afirmación nacionalista en algunas comunidades y los esfuerzos por establecer una nueva identidad europea; una identidad, por cierto, que los diseñadores de los billetes del euro han encontrado en las sucesivas arquitecturas del continente, y que el jurado del Premio Mies van der Rohe halló en marzo en la monumentalidad geométrica de la Très Grande Bibliothèque de Dominique Perrault: el Escorial parisino de Mitterrand, un monarca republicano defensor, como De Gaulle, de la Europa de las patrias.

La concesión en abril del Premio Pritzker al noruego Sverre Fehn inició un período de festejos escandinavos que tuvieron un prólogo en 1996 con la capitalidad europea de la cultura en Copenhague, y que culminarán en 1998 con la capitalidad cultural de Estocolmo y con el centenario del gran maestro finlandés Alvar Aalto. En el arquitecto del pabellón nórdico en Venecia y del Museo de los Glaciares se premia una trayectoria lírica y tenaz que se apoya en la devoción por la construcción y el respeto por el paisaje.

Estas dos virtudes tradicionales de los países nórdicos no parecen evidentes en algunos de los más recientes edificios emblemáticos escandinavos, del Museo de Arte Moderno del jovencísimo Søren Robert Lund en Copenhague al de Arte Contemporáneo del norteamericano Steven Holl en Helsinki, pero en compensación se exhiben sobradamente en el Museo de Arte Moderno y Arquitectura de Rafael Moneo en Estocolmo, acaso porque el español recuerda todavía su formación con el danés Jørn Utzon. En todo caso, la ya inmediata conmemoración aaltiana, esmaltada de innumerables exposiciones y homenajes, permitirá restablecer la conexión con lo mejor de esa fértil tradición escandinava.

Agosto se cobró la vida del norteamericano Paul Rudolph, y el estío se despidió en septiembre con la muerte del italiano Aldo Rossi, uno de los grandes renovadores ideológicos y plásticos de la arquitectura contemporánea. Con su poesía metafísica y su culto paralelo a la geometría y la memoria, el milanés cambió el curso de la arquitectura y del urbanismo del último tercio del siglo; sin embargo, su defensa elegíaca de la ciudad tradicional y de los tipos históricos ha sido rechazada por los arquitectos que, como el holandés Rem Koolhaas, predican el retorno al experimentalismo moderno y se sienten fascinados por la escala colosal de los desarrollos urbanos en las economías emergentes del Pacífico.

La Documenta de Kassel, que quinquenalmente toma la temperatura de las artes, eligió precisamente este verano al arquitecto de Róterdam como brújula, a través de una exposición dedicada a la urbanización caótica del sur de China; pero la devolución de Hong Kong en julio y los terremotos bursátiles y monetarios que han sacudido Asia durante la segunda mitad del año frenan el entusiasmo por un continente que también acogió alguna obra de Rossi y la última etapa de la carrera de Rudolph.

El gran protagonista del otoño fue el Museo Guggenheim de Bilbao, cuya inauguración en octubre supuso un éxito relevante tanto para su autor, el californiano Frank

Gehry, como para el País Vasco, que ha hecho del escultórico edificio de titanio un símbolo de su voluntad de modernización y recuperación económica. La apertura de este
emblema de la cultura del espectáculo vino precedida por
otros estrenos más discutidos: el Teatro Nacional de Cataluña en Barcelona, obra de Ricardo Bofill, y la largamente
esperada remodelación del Teatro Real en Madrid; y este
ciclo de inauguraciones se remató en diciembre con la del
auditorio de Las Palmas de Gran Canaria, una fortaleza
lírica al borde del mar, que es la mejor obra de madurez del
catalán Oscar Tusquets.

El otoño trajo también la terminación de obras colosales
como el Centro Getty de Richard Meier en Los Ángeles; y
el desenlace de concursos tan reñidos como el de la nueva
terminal del aeropuerto de Barajas, ganado por el británico
Richard Rogers (en asociación con el madrileño Antonio
Lamela), lo que culmina un año mágico del arquitecto de
los nuevos laboristas de Tony Blair; o como el concurso de
la ampliación del Museo de Arte Moderno de Nueva York,
que obtuvo el japonés Yoshio Taniguchi en pugna con el
neoyorquino Bernard Tschumi y los suizos Herzog & de
Meuron. Pero la estación se cerró con la noticia triste de la
muerte de Félix Candela, un arquitecto e ingeniero español
que dejó lo mejor de su obra en el exilio de México, un capítulo de nuestra historia que la España que mira a Europa
confía en haber dejado atrás.

1998

Memorias y mudanzas

Iba a ser un año de conmemoraciones, y ha terminado siéndolo de conmociones. El huracán Mitch en Centroamérica y la catástrofe económica en Rusia dibujan el perfil dramático de un año que ha tenido su comedia de enredo en la Casa Blanca, y su sobresalto estival en el tobogán bursátil, mientras la sentencia de los lores británicos sobre Pinochet abre esperanzas para la globalización de la justicia en un mundo que ha iniciado la cauterización de las heridas abiertas en Palestina, en Irlanda o en el País Vasco.

Las turbulencias meteorológicas y políticas, sin embargo, no han impedido a los arquitectos celebrar el centenario de Alvar Aalto, a los poetas el de Federico García Lorca, a los regeneracionistas el del 98, y a los revisionistas el de Felipe II. El carrusel de festejos se inició en el Estocolmo capital cultural con el museo de Rafael Moneo; siguió por la Lisboa de la Expo con el pabellón de Álvaro Siza, ganador también del japonés Praemium Imperiale en el año del primer Nobel de la literatura portuguesa, José Saramago; tuvo su momento de fervor multicultural y mediático en el París del Mundial de Fútbol, que se escenificó en el estadio de MRZC; y culminó en un Berlín que se reinventa para albergar la capitalidad alemana y el liderazgo europeo. Si el año de la arquitectura hubiera de resumirse en un telegrama, cada estación tendría un nombre propio: el invierno correspondería a Aalto; la primavera y el verano, a los dos ganadores de los premios más codiciados, el Pritzker y el Carlsberg: Renzo Piano y Peter Zumthor; y el otoño a ese Berlín rojiverde que forcejea con el lastre de su memoria histórica.

Las noches de invierno se hicieron blancas para recordar al gran arquitecto finlandés Alvar Aalto, de cuyo nacimiento se celebró en febrero el centenario, conmemorado por el Museo de Arte Moderno de Nueva York con una gran exposición; pero el invierno vio también la inauguración de dos nuevos museos de arte en capitales escandinavas: el de Arte Moderno y Arquitectura de Estocolmo, construido por el español Rafael Moneo en la isla de Skeppsholmen, cuyos lucernarios piramidales fueron el emblema de la capitalidad cultural europea; y el de Arte Contemporáneo de Helsinki, construido por el norteamericano Steven Holl junto al Finlandia Hall del maestro finlandés, y cuyas formas alabeadas suscitaron tanta admiración como polémica.

La concesión del Premio Pritzker al genovés Renzo Piano, que se produjo en el mes de abril, supuso un reconocimiento de la imaginación tecnológica por parte de un prestigioso galardón que hasta la fecha había preferido las trayectorias más explícitamente artísticas o intelectuales. El arquitecto italiano inauguró también durante el año el último gran proyecto presidencial de Francia, el centro cultural canaco en Nueva Caledonia, mostrando la misma vitalidad que otros colegas suyos de pasión ingenieril por la gran escala: el francés Jean Nouvel, que regresó al primer plano del debate arquitectónico con su monumental palacio de congresos al borde del lago de Lucerna, el británico Norman Foster, que terminó el colosal aeropuerto de Chek Lap Kok en Hong Kong, y el valenciano Santiago Calatrava, que igualmente culminó la escultórica estación de Oriente junto a la Expo lisboeta; dos constructores estos últimos, por cierto, que han visto cruzarse sus caminos con frecuencia, y que este año volvieron a hacerlo en la ciudad natal del segundo, donde Foster ha levantado un palacio de congresos mientras Calatrava continúa las obras de la espectacular Ciudad de las Artes y de las Ciencias.

El suizo Peter Zumthor recibió el Premio Carlsberg a principios de septiembre, y la cuantiosa dotación económica de esta generosa distinción hizo popular a un arquitecto de culto, que practica su oficio en un remoto pueblo alpino con refinamiento artesano y elegancia musical; pero el autor de las Termas de Vals y la Kunsthaus de Bregenz es solo el más veterano de una generación helvética que practica la religión artística de la materia, y que tiene en los arquitectos de Basilea Jacques Herzog y Pierre de Meuron sus representantes más cosmopolitas: victoriosos en el concurso de la Tate Gallery londinense, y finalistas en la ampliación del MoMA neoyorquino, la pareja ha obtenido este año en concurso su primer encargo español, la remodelación del puerto de Santa Cruz de Tenerife, y ha terminado también su primera obra norteamericana, un extraordinario prisma de piedras basálticas en cestas de acero que albergan unas bodegas en el californiano valle de Napa.

La última estación del año se inició con unas elecciones alemanas en las que, como de costumbre, se plebiscitó tanto el futuro como el pasado, dos tiempos que se superponen en el presente agitado de Berlín. Triunfó la opción socialdemócrata que, en sintonía con otras 'terceras vías' europeas, prefiere administrar a recordar, evitando la hipoteca de memorias ominosas que al final devienen poco más que parques temáticos del Holocausto. Y así, la capital de Alemania se sigue levantando sin pausas ni prejuicios, y la terminación de la torre cerámica de Piano o el hotel Hyatt y las oficinas de Moneo en la Potsdamer Platz son anécdotas menores en un horizonte erizado de grúas que solo alcanza genuina dimensión simbólica en el Reichstag, donde Foster ha cerrado ya la cúpula de vidrio que corona la cámara donde se reunirán los representantes recientemente elegidos.

Mientras tanto, el interés de los arquitectos europeos sigue secuestrado por la hipermodernidad holandesa, un panorama de innovaciones fértiles que contrasta con la rutina comercial norteamericana y con el *impasse* asiático; aunque se trata también de un laboratorio de experimentos en el campo de la densidad y la congestión que tiene escasa pertinencia en zonas geográficas como América Latina o el mundo islámico, cuyos rasgos peculiares se expusieron este año en España a través de acontecimientos como la Bienal de Arquitectura Iberoamericana, que se celebró en Madrid, y los Premios Aga Khan, que se entregaron en la Alhambra de Granada.

A medio camino entre esos contrapuestos paisajes arquitectónicos, nuestro país ha seguido su rumbo con velocidad de crucero, amalgamando indiferentemente lo cosmopolita y lo castizo, en un panorama que reúne al Enric Miralles brillante vencedor en el concurso del nuevo parlamento escocés en Edimburgo con el Rafael Moneo que se ha impuesto en la fatigosa tercera vuelta del concurso del Museo del Prado, y que sin pestañear recibe lo mismo el proyecto futurista de un Madrid de autopistas subterráneas que una campaña barcelonesa a favor de la beatificación del arquitecto Antoni Gaudí. Habrá que encomendarse a él cuando suba a los altares.

La globalización y sus descontentos

El tercer milenio se inició en Seattle el 4 de diciembre de 1999. Muchos esperaban recibirlo en Greenwich, bajo la gran carpa construida por Richard Rogers en el meridiano cero, en desigual competencia con los atolones del Pacífico donde los husos horarios marcan el cambio de fecha, y en displicente ignorancia del caos informático pronosticado por los sombríos augures del efecto 2000. Sin embargo, el milenio se adelantó al calendario, y mostró por primera vez su rostro político y las fracturas de su paisaje social en la incubadora del futuro que viene: la ciudad sede de Boeing, Microsoft y Amazon, donde una heteróclita coalición de países pobres, sindicalistas y ONG puso en cuestión ante el mundo la rutina implacable de la globalización. En la cuna del *grunge*, Starbucks y *Frasier*, una revuelta popular sin precedentes desde los años sesenta hizo fracasar la Ronda del Milenio de la Organización Mundial de Comercio, agrietando el blindaje unánime del mercado único, la sociedad única y el pensamiento único. Convocados por internet y coordinados con teléfonos móviles, los manifestantes de Seattle se enfrentaron a policías Robocop en un conflicto arcaico y futurista que prefigura el debate político del próximo siglo entre la mundialización y sus descontentos.

Bajo el signo de la globalización se desarrolló un año en el que el auge burbujeante de la economía estadounidense deslució el estreno de la moneda común europea, y dejó en segundo plano la tímida recuperación de Japón y el musculoso avance de China, mientras la descomposición de Rusia y el antiguo bloque socialista se esmaltaba de guerras balcánicas y caucásicas, América latina oscilaba en la tentación populista de Chiapas o Chávez, y el África subsahariana continuaba precipitándose en el agujero negro de la miseria y el sida. Y en este mundo escindido (en el que, diez años después de la caída del muro de Berlín, el liderazgo militar, económico y cultural pertenece por entero a la potencia única, que incluso sirve de teatro reticente a desafíos a su hegemonía como el escenificado en Seattle), la arquitectura siguió teniendo en Europa el laboratorio experimental más estimulante. Alimentada por la polarización entre suizos y holandeses, la arquitectura europea ha escrito los capítulos más brillantes del año; los arquitectos norteamericanos con mayor vocación cultural y artística han continuado encontrando en el Viejo Continente el entorno receptivo que no siempre hallan en los Estados Unidos; e incluso los debates más fructíferos de las universidades americanas han girado en torno a episodios europeos como el situacionismo o el Team X: ejercicios de memoria histórica a los cuales la capitalidad cultural de Weimar durante 1999 ha aportado la inevitable revisión del legado de la Bauhaus, ese manantial del que todavía nos nutrimos.

Agrupando los asuntos por estaciones, el invierno correspondería a los holandeses, para los que la muerte de Aldo van Eyck en enero fue un acicate para repasar una trayectoria que tuvo en los iconoclastas años sesenta su punto más alto, y cuya ruptura con la esclerosis moderna de los CIAM inspiró una subversión lúdica que se extiende a los actuales epígonos de Koolhaas, de Van Berkel a MVRDV, que forman la surreal y pragmática escuela de Róterdam, uno de los dos polos del debate europeo; el otro sigue aún residiendo en Basilea, donde trabajan Herzog & de Meuron —que han terminado durante el año un deslumbrante puñado de edificios— y de donde procede Peter Zumthor, galardonado en marzo con el Premio Mies van der Rohe.

La primavera sería británica, con la concesión a Norman Foster de un Premio Pritzker largamente merecido, y quizá también algo berlinesa, porque la terminación del Reichstag y el traslado del Parlamento alemán a su nueva sede en abril coincidió con el anuncio del premio, cuya ceremonia se celebraría más tarde en ese mismo marco emblemático; el español Santiago Calatrava, que había competido con Foster por la rehabilitación del Reichstag, obtuvo por su parte en mayo el Premio Príncipe de Asturias; pero la pugna de los honores se resolvería en esta misma estación a favor del británico, que sería distinguido en junio con el título de lord por la reina Isabel.

El protagonista del verano sería el Kursaal de San Sebastián, una obra maestra de Rafael Moneo, abierto antes de las elecciones municipales e inaugurado en el estío balneario de la ciudad guipuzcoana, donde sus volúmenes inestables recuerdan que no han terminado todavía las tribulaciones de los vascos; pero en julio los sobresaltos fueron también madrileños, porque el derribo de los laboratorios Jorba del arquitecto Miguel Fisac —una torre de hormigón en la carretera del aeropuerto cuyos volúmenes juguetones simbolizaban el espíritu optimista de los años sesenta— suscitó una polémica sobre la conservación del patrimonio moderno, especialmente urgente en una ciudad que tiene abandonadas las marquesinas del hipódromo, la mejor obra que nos queda del ingeniero Eduardo Torroja, un maestro del hormigón cuyo centenario se celebró en agosto.

En este mismo mes se falló el concurso para la Ciudad de la Cultura de Galicia en Santiago, que ganó el neoyorquino Peter Eisenman con un proyecto topográfico de extraordinaria singularidad, cuyos ecos reverberarían a lo largo y ancho del otoño, sin que los tres grandes concursos madrileños fallados en la estación, y que ganaron Lamela (Telefónica), Cano (Colecciones Reales) y Nouvel (Reina Sofía) pudieran competir con su impacto; Eisenman —cuyo maestro el británico Colin Rowe falleció en noviembre en Washington— sigue así las huellas europeas de su compatriota Gehry, que dejó en Bilbao su obra mayor, y que este año ha terminado en la ciudad alemana de Düsseldorf un colosal complejo de oficinas. Y mientras los gallegos celebraban el Xacobeo con un proyecto vanguardista, los catalanes mantuvieron en octubre unas disputadas elecciones autonómicas, a las que llegaron con el Liceo reconstruido, un nuevo auditorio levantado por Moneo y la Medalla de Oro del RIBA sobre el torso complacido de Barcelona.

Pero en España no serían buenas todas las noticias, y diciembre se despidió con el final de la tregua de ETA, después de catorce meses de pausa en las acciones terroristas, lo que vuelve a instalar al País Vasco en un paisaje convulso que no merecen los impulsores del Guggenheim y el Kursaal. Mientras cicatrizan las heridas irlandesas, y el avance del proceso de paz palestino permite a Aznar pasar la Nochebuena con Arafat en Belén, en Europa se mantiene abierta la llaga de Kosovo y la fractura astillada de Chechenia, subvirtiendo con la demagogia de los hechos la paz perpetua del mercado global. Una plácida paz alterada en Seattle por un Woodstock solidario empeñado en recordar que buena parte de la humanidad está marginada por el mercado económico, el mercado político y el mercado simbólico: marginada por el capitalismo liberal, la democracia representativa y los medios de comunicación; y marginada también, claro está, por ese fenómeno de la cultura y el espectáculo al que damos el nombre de arquitectura.

Bienvenidos al último espectáculo

La beatificación de Antoni Gaudí por el papa Juan Pablo II y la canonización de Rem Koolhaas por el jurado del Premio Pritzker son dos de los acontecimientos destacados en un año agridulce que ha visto el éxito de Jacques Herzog y Pierre de Meuron con la apertura de la nueva Tate Gallery londinense y el de Santiago Calatrava con un rosario de inauguraciones y honores, pero que ha sido también testigo de la dolorosa desaparición de los arquitectos Enric Miralles y Francisco Javier Sáenz de Oíza.

El que los anglosajones llamaron Y2K se inició sin que el temido *millennium bug* produjera la parálisis de los ordenadores, pero llegó a su término permitiendo que los *butterfly ballots* y *pregnant chads* causaran el caos en el recuento de las elecciones presidenciales norteamericanas, mostrando la fragilidad de las convenciones que sustentan el espectáculo de la democracia. Apoyándose en este año como bisagra, la mudanza de siglo ha traído consigo el encarecimiento del petróleo, el enfriamiento de las bolsas y la erosión de las expectativas de la nueva economía, sin que estas señales de un cambio de ciclo en los países centrales hayan afectado a las grandes corrientes migratorias desde los países periféricos, crecientemente devastados por las guerras y las plagas.

Aun la vieja Europa, desgastada por la caída del euro, la parálisis política y unas alarmas sanitarias que dibujan el reverso sombrío de los grandes avances en las ciencias de la vida, sigue recibiendo un flujo regular de inmigrantes que compensa su declive demográfico, especialmente acentuado en el caso de España, un país que deja el siglo en el último puesto de las listas de fertilidad y en el primer lugar de las estadísticas de terrorismo. Íntimamente vinculada al nacionalismo étnico, la violencia política ha sido —de Chechenia al País Vasco— el gran argumento de la pugna entre la globalización económica y las inercias locales en un continente fragmentado por un mosaico de lenguas y culturas.

En un mundo más lento, tanto la arquitectura como la religión eran rasgos identitarios de las teselas de ese conjunto de comunidades; pero en un planeta acelerado, la unanimidad ecuménica del espectáculo desdibuja los límites colectivos para conformar redes virtuales de vocación católica. Así, la construcción mediática está en sintonía con la teología incandescente que ha multiplicado las canonizaciones y los viajes de Juan Pablo II: la beatificación del catalán Antoni Gaudí, en el punto de encuentro de ambos procesos, hizo visible la confluencia de lo mítico y lo sagrado al elevar a los altares a un arquitecto de culto, y suministró la noticia más cálida del invierno, desplazando a un segundo plano tanto la inauguración de la decepcionante Cúpula del Milenio londinense como la reapertura del renovado Centro Pompidou parisino, dos obras de dos antiguos socios, el británico Richard Rogers y el italiano Renzo Piano, que han sido los primeros en censurar el resultado final.

El acontecimiento más inesperado de la primavera fue la concesión del Premio Pritzker al cáustico holandés Rem Koolhaas, un arquitecto fascinado por la explosión urbana contemporánea que califica de 'espacio basura' el descrito por sus exploraciones en el Delta del Río de las Perlas asiático, en la ciudad africana de Lagos y en los centros comerciales norteamericanos; y el suceso más celebrado de la estación fue la apertura de la nueva sede de la Tate Gallery de Londres en una antigua central eléctrica admirablemente transformada por los suizos Jacques Herzog y Pierre de Meuron, una inauguración que oscureció las de otros museos meritorios: el también londinense British Museum, remodelado por Norman Foster con más fortuna que la disfrutada por su pasarela peatonal sobre el Támesis, cerrada por las vibraciones a pocos días de abrirse; el Museo de Bellas Artes de Rafael Moneo en Houston; el del Rock de Frank Gehry en Seattle; y la galería de arte de Caruso St John en Walsall. El holandés y los suizos, por su parte, que han hecho de Róterdam y Basilea los dos polos del debate europeo, iniciaron una insólita colaboración en la forma de un proyecto conjunto de *hotel-boutique* para el promotor Ian Schrager en NuevaYork, una ciudad que, lo mismo que Londres, experimenta hoy un cierto reverdecimiento arquitectónico.

Pero la actualidad del verano no transitaría por las dos metrópolis anglosajonas, sino por dos ciudades europeas: Hannover, que apoyó en su Feria una Exposición Universal de perfil bajo, donde holandeses y suizos escenificarían sus diferencias a través del contraste entre el exhibicionismo retórico de MVRDV y el orden musical de Peter Zumthor en los pabellones respectivos, y donde el énfasis ecológico justificaría construcciones de corcho como las que representaron a España (Cruz y Ortiz) y Portugal (Siza y Souto de Moura), o de cartón como la del pabellón japonés (Shigeru Ban); y Venecia, cuya séptima Bienal de Arquitectura reunió un cúmulo de propuestas bajo el lema 'Menos estética, más ética', por desgracia apenas reflejado en la abigarrada confusión de la muestra. Sobre ambas ocasiones festivas, sin embargo, se proyectaría la sombra de un turbión de desapariciones que desbarató el estío: Rafael de La-Hoz, premiado póstumamente con la Medalla de Oro de la Arquitectura, inició una lista a la que se añadiría trágicamente el nombre prematuro de Enric Miralles y los de maestros veteranos como John Hejduk, Francisco Javier Sáenz de Oíza y Eladio Dieste.

Durante el otoño, iniciado bajo los ecos de unos tardíos Juegos Olímpicos australes que permitieron a Sídney mostrar que la excelencia organizativa y medioambiental no exige arquitecturas emblemáticas, se desarrolló una campaña electoral estadounidense que tuvo en el urbanismo del crecimiento incontrolado uno de sus temas de debate, y que acabó dirimiéndose en el estado de Florida, sede del movimiento de los 'nuevos urbanistas' y escenario de sus realizaciones más significativas, de Seaside a Celebration. Y mientras los norteamericanos deshojaban la margarita presidencial, los españoles hacían balance de los 25 años transcurridos desde la muerte de Franco y la proclamación de Juan Carlos I como rey de España, en un mes de noviembre que fue testigo a la vez de la exacerbación de los crímenes del terrorismo étnico vasco y de la inauguración por el príncipe Felipe de dos grandes edificios proyectados por Santiago Calatrava (galardonado en las mismas fechas con el Premio Meadows) que hacen visible la modernización espectacular del país: el Museo de la Ciencia en la Valencia natal del arquitecto y el aeropuerto de Sondica en el convulso y atribulado País Vasco. Dos catedrales colosales que quizá no otorguen la santidad a su autor, pero que sin duda expresan bien la grandilocuencia desesperada de unos tiempos prósperos y confusos. Bienvenidos al último espectáculo.

2001
Tristes torres

Inevitablemente, el año gira sobre la charnela trágica del 11 de septiembre. La cifra 2001 evocaba el futurismo metafísico de la cinta de Stanley Kubrick, pero a partir de ahora se hará indisoluble de la imagen del impacto de dos aviones de pasajeros en las torres más altas de Manhattan; al terminarse en 1976, los rascacielos del World Trade Center fueron el techo del planeta, y una genuina 'odisea del espacio' en la proeza técnica de su esbeltez inverosímil y su récord de altura duplicado: un cuarto de siglo después, los escombros calientes de la zona cero sepultan la odisea vertical en el espacio horizontal y humeante de la ruina. Junto a varios millares de víctimas, bajo esos restos yacen también la confianza en la seguridad de nuestra cultura técnica, el aplomo cosmopolita de la globalización económica y la inocencia política de un imperio joven.

Este podría haber sido el año de los maestros europeos en América. Se celebraba el centenario de Louis Kahn, el arquitecto nacido en Estonia que desde Filadelfia puso en cuestión los dogmas modernos, y el de Josep Lluís Sert, el discípulo catalán de Le Corbusier que tras la guerra civil española se exilió a Estados Unidos; dos aniversarios eminentes a los que se sumaron durante el verano las dos grandes exposiciones neoyorquinas de Mies van der Rohe, el maestro alemán que desarrolló en Chicago la segunda mitad de su carrera. Sin embargo, el protagonista del período no sería al final ninguno de estos tres americanos de adopción, sino un arquitecto de origen japonés nacido en Seattle, formado en Nueva York y establecido en Detroit, Minoru Yamasaki, la destrucción de cuyas Torres Gemelas marcó el año de forma indeleble.

El invierno ardió sin llama, y en su combustión lenta se consumió un casi clandestino centenario de Kahn y esas geometrías esenciales que procuran detener el tiempo en un presente eterno, mientras la hojarasca de laurel de los galardones distinguían con el FAD el Museo de Bellas Artes de Castellón, inaugurado por Moreno Mansilla y Tuñón en enero, y con el premio de la Bienal de Arquitectura el Kursaal de Rafael Moneo, que asimismo recibiría simultáneamente el Premio Mies van der Rohe, en una edición triste marcada por la desaparición de su impulsor, el crítico e historiador catalán Ignasi de Solà-Morales, arquitecto también de la reconstrucción del mítico pabellón de Alemania en Barcelona; dos homenajes a dos obras de geometrías reductivas que establecen genealogías cúbicas entre Moneo y sus discípulos, y que subrayan la vigencia española de un cierto minimalismo de voluntad abstracta y densidad matérica, cuyos ecos se oirían también en el prisma vacío de la Caja de Ahorros de Granada de Alberto Campo Baeza, en el volumen escultórico del Museo de la Ilustración de Valencia de Guillermo Vázquez Consuegra o en la plasticidad eficaz del Palacio de Congresos de Barcelona de Carlos Ferrater, galardonado este año con el Premio Nacional de Arquitectura.

La primavera se anunció con la proclamación ritual del Premio Pritzker, que desde su base en Chicago ha conseguido convertirse en la distinción arquitectónica más prestigiosa del mundo, y que por décimo año consecutivo evitó recaer en un autor norteamericano, poniendo de relieve el mal momento que atraviesa la producción del país. Los elegidos, que recibieron el galardón en la mítica Monticello —la mansión virginiana de Thomas Jefferson que introdujo las formas neoclásicas en el nuevo continente— fueron los suizos Jacques Herzog y Pierre de Meuron, una pareja de Basilea que pone en contacto la construcción con el paisaje, el arte y la vida cotidiana, para levantar una arquitectura táctil y precisa que constituye un polo de referencia en el debate internacional, y que en España estará pronto representada en Tenerife, Barcelona y Madrid; obra esta de reflexión arcaica sobre la naturaleza y la materialidad de lo viviente que anima a poner en cuestión nuestra relación con el medio ambiente y el resto de los seres que habitamos el planeta, una relación actualmente enferma que las crisis sanitarias y veterinarias que han jalonado el territorio europeo con fosas y piras de animales sacrificados mostraron súbitamente bajo una luz violenta.

Con las exposiciones de Mies van der Rohe se inició el verano, y la imagen que las muestras neoyorquinas ofrecieron del maestro moderno no pudo ser más distinta: en el relato pedagógico y crítico del Museum of Modern Art, el Mies de Berlín se manifestaba contextual, paisajístico, expresionista y subjetivo; pero en el homenaje exquisito y exhaustivo del Whitney, el Mies americano se exhibía reductivo y autorreferente en su persecución de lo universal. Mientras tanto, en la Mitteleuropa originaria del arquitecto se completaba una nueva cosecha de museos, muchos de los cuales albergan ecos de la convulsión que lo arrojó al exilio: los Schiele y los Kokoschka del nuevo Barrio de los Museos de Viena, construido por Ortner & Ortner en las antiguas caballerizas imperiales; los objetos y documentos del Museo Judío de Berlín, inaugurado al fin por Daniel Libeskind doce años después de haber proyectado su rayo zigzagueante y fracturado; o las escenografías nazis del memorial de Núremberg, diseñado por Günther Domenig en el interior del palacio de congresos que no llegó a terminar Albert Speer, el arquitecto y ministro de Armamento de Adolf Hitler. Pero ese verano habría de terminar en la misma Nueva York donde empezó, un 11 de septiembre que abrió en canal la violencia latente de nuestro mundo, y que eligió la ciudad de los rascacielos para representar un teatro del terror que proyecta su amenaza sobre el futuro.

La Zona Cero de Manhattan y los paisajes ásperos de Afganistán fueron los dos escenarios desolados de un otoño de fuego, que en su guerra contra el terror resucitó el fantasma del conflicto entre civilizaciones, y colocó al mundo islámico en el banquillo de los acusados. En el torbellino de mulás, muyaidines y madrasas se desvanecieron los signos arquitectónicos que dibujan un islam diferente, y la cultura musulmana se apocopó en términos como talibán, yihad o burka, convertidos en fetiches de un universo hostil. Ni la celebración en Siria de la octava edición del modélico Premio Aga Khan, con su retrato plural y luminoso de un islam que no renuncia a la modernidad, ni la terminación en Egipto de la nueva Biblioteca de Alejandría, un colosal monumento laico proyectado por los noruegos de Snøhetta, modificaron un clima de recelo y temor.

Mientras, en la península ibérica, que durante muchos siglos fue escenario de la difícil coexistencia del Occidente cristiano con el islam, las obras emblemáticas de dos ciudades de herencia musulmana eran adjudicadas a arquitectos del norte europeo: el holandés Rem Koolhaas en la Córdoba omeya, y el británico David Chipperfield en la Teruel mudéjar, procurando otros mestizajes y otros diálogos en un continente que estrena moneda única al comenzar 2002, un año que pese a todo es obligado iniciar con esperanza. El que se cierra celebró el aniversario de Walt Disney, un genio del siglo XX que se dio a conocer durante la Depresión con la parábola optimista de *Los tres cerditos,* que no temían al lobo feroz de la crisis económica como hoy deberíamos esforzarnos en no temer al lobo feroz y ficticio del islam o al lobo feroz y funesto del terror.

2002
El planeta negro

El planeta azul es negro. Aunque los astronautas describan nuestro mundo como una esfera neblinosa y azul, la delicada corteza de la civilización técnica se alimenta de la savia negra de los hidrocarburos fósiles, y son sus depósitos y flujos los que determinan las estructuras políticas, la ocupación del territorio y las formas de vida. El poder y la guerra, lo mismo que la ciudad y la casa, se edifican sobre el suministro de petróleo, y en ese aceite oscuro sobrenadan el comercio, la religión o el terror, tras haber vivido el espejismo de una economía y una cultura virtuales que creyeron depender únicamente de las madejas intangibles de la información.

La financiación saudí del fundamentalismo islámico, los futuros oleoductos de Afganistán o las actuales reservas petrolíferas de Irak anudan el combustible y el conflicto; pero el precio del barril regula también los movimientos migratorios y la circulación de mercancías, la suburbanización automóvil y el turismo de masas, el cambio climático y el deterioro medioambiental: de la Zona Cero neoyorquina a la marea negra de Galicia, las catástrofes del mundo se comunican a través de un mar subterráneo de petróleo.

Iniciado en un Manhattan que cauteriza sus heridas con lujo amnésico, el año amagó un propósito de enmienda con el homenaje a un australiano independiente y ecológico, dibujó la continuidad del espectáculo con un paisaje alabeado al servicio del deporte mediático y ensayó una improbable síntesis entre tradición e hipermodernidad con una catedral azarosa al borde de una autopista californiana.

La Nueva York convaleciente del trauma del 11 de septiembre comenzó el invierno con energías renovadas: el desescombro y los proyectos de la Zona Cero, que tras el rechazo de las propuestas inmobiliarias conducirían a un polémico concurso entre seis grandes equipos internacionales; la apertura de tres importantes sedes culturales, la Neue Galerie de arte vienés finisecular, el American Folk Art Museum y el Austrian Cultural Forum, estos dos últimos en edificios de nueva planta diseñados por arquitectos de culto, Tod Williams & Billie Tsien y Raimund Abraham; y la inauguración de la tienda de Prada en el Soho, un proyecto del holandés Rem Koolhaas que funde comercio y cultura como en sentido inverso había realizado en sus dos sucursales del Museo Guggenheim en un casino de Las Vegas, estableciendo las bases de un estilo multinacional caracterizado por la sumisión al imperio global de las marcas.

Indecisa entre la aceptación resignada del mundo y el ímpetu reformista de su tradición reciente, la arquitectura celebró con énfasis variable las efemérides de sus héroes modernos, conmemorando los centenarios del ruso Iván Leonidov, el danés Arne Jacobsen, el brasileño Lúcio Costa, el mexicano Luis Barragán y el húngaro Marcel Breuer; pero ningún aniversario fue tan profusamente festejado como el sesquicentenario de Antoni Gaudí, un genio excéntrico consagrado a la vez en los altares de la Iglesia y de la historia, al que Barcelona dedicó catorce exposiciones.

Si la feria madrileña ARCO estuvo dedicada a Australia, la concesión en abril del Premio Pritzker al arquitecto de ese continente Glenn Murcutt sugirió un cambio de rumbo en la navegación plácida de una disciplina ensimismada, al galardonar a un arquitecto cuya fidelidad moderna, sensibilidad medioambiental y testaruda autonomía contrastan con el *glamour* mediático y estelar de los premiados en las últimas ediciones de este Nobel oficioso; ante los musculosos órdenes arquitectónicos de Miguel Ángel en el Campidoglio romano, el australiano recibió en mayo el homenaje de sus colegas, como adelantado de esa primavera silenciosa que se está gestando en los márgenes fértiles de la fama.

Pero esa estación fue también testigo de la celebración de las elecciones presidenciales en Francia, un país que marca la agenda cultural en Europa; su resultado confirmó el mantenimiento del *business as usual* en un continente próspero y descreído que alivia su *ennui* hedonista con el entretenimiento naif de la arquitectura mediática, cuyo más genuino representante, el francés Jean Nouvel (galardonado el año pasado con el Praemium Imperiale y la Medalla de Oro del RIBA, dos altas distinciones que en la actual edición han correspondido a Norman Foster y Archigram), presentó en el Museo Reina Sofía una exposición de tan clamorosa popularidad que invita a poner en cuestión la tendencia astringente que el premio americano detecta o preconiza.

El verano contempló una concentración excepcional de convocatorias en Europa, desde los pabellones lacustres de la Expo 2002 en Suiza hasta el Congreso de la Unión Internacional de Arquitectos en Berlín (que eligió al brasileño Jaime Lerner, antiguo alcalde verde de Curitiba, como nuevo presidente), y desde una convencional e informativa Bienal de Arquitectura en Venecia hasta una experimental y desconcertada Documenta en Kassel, cuya voluntad de dar una dimensión política y tercermundista a su balance quinquenal de las artes resultó tan tristemente fallida como la cumbre de Johannesburgo, que diez años después de Río constató nuestra impotencia ante la creciente degradación ambiental y sanitaria de un planeta sacudido por dramas bélicos, económicos y epidemiológicos.

La conciencia global de la enfermedad de la tierra no fue obstáculo, sin embargo, para que el mundo celebrara con pasión su más unánime evento deportivo, un campeonato de fútbol para el que se construyeron en Japón y Corea diecisiete estadios nuevos, además de una terminal marítima en Yokohama —ciudad que sería sede de la final ganada por Brasil— proyectada como un paisaje alabeado por Alejandro Zaera y Farshid Moussavi, que con esta obra papirofléxica y agitada testimonian a la vez su arriesgado talento y la ecuménica popularidad de unas formas fluidas que desde sus orígenes holandeses han llegado a teñir el pragmatismo morigerado de las grandes firmas británicas del *high-tech.*

Inaugurada en septiembre entre el fragor de una sórdida crisis de la Iglesia católica norteamericana, la catedral de Los Ángeles es una obra grave y luminosa de Rafael Moneo que, monumental y fracturada junto a una *freeway,* explora un camino intermedio entre el sometimiento dócil a la ciudad producida por el automóvil y el rechazo nostálgico de la urbanidad contemporánea; europea y americana al tiempo, sus formas fragmentadas expresan junto al Pacífico la dificultad de conciliar las demandas espirituales y simbólicas de dos continentes entre los cuales el Atlántico parece haberse ensanchado.

Las elecciones alemanas de ese mismo mes ilustraron igualmente tanto el desconcierto de Europa en su núcleo medular como la distancia que entre esta y los Estados Unidos están abriendo las prioridades militares, económicas y culturales de una hiperpotencia transformada en imperio, y decidida a perseguir unilateralmente sus intereses en los terrenos de la energía y de la seguridad: precisamente los factores que más condicionan la forma futura de la arquitectura y la ciudad. Mientras ese futuro llega, los habitantes de las regiones periféricas podemos entretener nuestro ocio todavía opulento con cosechas singulares de edificios de autor insertos en el urbanismo tematizado al uso, sea la Barcelona 2004 del Fórum de las Culturas o el Madrid 2012 de la candidatura olímpica; pero el color último del planeta se dirimirá en otros foros y en otros juegos.

2003
Gestos de fuerza

Prefiriendo la razón de la fuerza a la fuerza de la razón, la única superpotencia del siglo XXI utiliza el trauma del 11-S para imponer un nuevo orden imperial en el planeta. Pese a las reticencias de sus aliados, Estados Unidos ocupó Irak con el propósito de modificar los equilibrios geopolíticos en un mundo donde el acceso a la energía sigue siendo el factor esencial, y donde el terrorismo islámico se perfila como el elemento desestabilizador más amenazante; pero el éxito militar no ha hecho el planeta más seguro, ni ha consolidado el liderazgo económico estadounidense, que —ante los desacuerdos de la Unión Europea, el estancamiento de Japón, el declive de Rusia o las incertidumbres de India o Brasil— ve el musculoso desarrollo de China como el más visible riesgo para su hegemonía futura. De la reconstrucción de la Zona Cero neoyorquina a los proyectos de Pekín olímpico, una arquitectura de gestos y símbolos da cuenta de la temperatura emocional de un tiempo más atento a los gritos que a los susurros.

Manhattan fue escenario, durante el invierno, de dos forcejeos simultáneos: en la sede de Naciones Unidas, Washington intentó persuadir al Consejo de Seguridad de la necesidad de atacar Irak en búsqueda de unas elusivas 'armas de destrucción masiva'; y en el solar de las Torres Gemelas, los arquitectos se esforzaron en presentar sus alternativas para una reconstrucción que regenere el tejido urbano y recuerde a las víctimas. La primera pugna se saldó con el fracaso de la estrategia multilateral y la decisión estadounidense de emprender la guerra con el apoyo militar de Gran Bretaña y el respaldo retórico de España, frente a un rechazo popular que cristalizó el 15 de febrero en la mayor manifestación de la historia; la segunda, con la victoria de Daniel Libeskind, que utilizó su condición de judío e inmigrante para defender con patriotismo chovinista un proyecto fracturado y elegíaco, rematado por una torre que evoca la Estatua de la Libertad y se eleva hasta la altura simbólica de 1.776 pies.

En el otro extremo del mundo, Pekín preparaba su irrupción espectacular en la escena planetaria con ocasión de los Juegos de 2008, adjudicando a dos oficinas europeas —tras sendos concursos, y en ambos casos con la colaboración del ingeniero Cecil Balmond— las obras más significativas de la cita deportiva: el holandés Rem Koolhaas (defensor por cierto de la alianza euroasiática frente a la arrogancia americana) construirá en forma de bucle la sede de la CCTV, la televisión que transmitirá el evento; y los suizos Herzog & de Meuron levantarán el estadio olímpico como un nido tejido con hebras titánicas de acero.

La guerra en Irak —que ocasionó también el saqueo de su patrimonio cultural y arqueológico, en el Creciente Fértil donde nacieron las ciudades— se inició al mismo tiempo que la primavera, y sus consecuencias ominosas apagaron el fulgor de los premios arquitectónicos de la estación. El Premio Pritzker al veterano Jørn Utzon (autor de la Ópera de Sídney, pero también del Parlamento de Kuwait, arrasado por las tropas de Sadam Huseín en 1991) se entregó en Madrid sin que el galardonado abandonara su refugio mallorquín; el Premio Mies van der Rohe (que recayó en un pequeño intercambiador de Estrasburgo) fue recibido en Barcelona por la iraquí Zaha Hadid, en un año que vio también la terminación de su primera obra americana en Cincinnati; y el Praemium Imperiale japonés distinguió a su profesor en la Architectural Association, Rem Koolhaas, autor de una bandera de código de barras para la Europa que debe mirar hacia Asia.

Sus colegas en el Pekín olímpico, Herzog & de Meuron, inauguraron en Tokio la tienda de Prada (otro cliente compartido), terminaron en Basilea una novedosa institución artística (el Schaulager, almacén y exposición a la vez), y recibieron el Premio Stirling británico por su Laban Dance Centre en Londres. Pero, al igual que sucedería después con la Medalla de Oro del RIBA a Rafael Moneo, la Medalla Alvar Aalto al colombiano Rogelio Salmona, o las distinciones españolas a Víctor López Cotelo, Alejandro Zaera o Mansilla y Tuñón, las celebraciones de las inauguraciones o los premios se vieron afectadas por el clima convulso del año.

El urbanismo fue el protagonista del verano, tanto por la resaca en España de unas elecciones regionales que debieron repetirse en Madrid tras un escándalo de presunta corrupción, y que centraron la atención en el 'urbanismo basura' generado por la burbuja inmobiliaria, como por el colosal apagón en la Costa Este americana el 15 de agosto —y en Italia un mes más tarde—, que obligó a reflexionar sobre la fragilidad técnica de la ciudad y el territorio posindustrial, en sintonía con la preocupación por la seguridad agudizada por el incremento de las acciones terroristas en el mundo.

Mientras tanto, en el mismo solar del 11-S donde se engendró este nuevo urbanismo del terror, el segundo aniversario de la catástrofe alumbraba nuevos planes para la Zona Cero, incorporando al británico Norman Foster, al francés Jean Nouvel (autores de los rascacielos en forma de obús que se están terminando en Londres y Barcelona respectivamente) y al japonés Fumihiko Maki para los proyectos de las torres —la más alta de ellas se había adjudicado previamente al norteamericano David Childs, de SOM—, y al español Santiago Calatrava para el de la terminal subterránea de transportes; decisiones estas que redujeron al ganador del concurso, Daniel Libeskind, al papel de asesor artístico del conjunto.

El valenciano Calatrava —que tras vivir en Zúrich y París proyecta afincarse en Manhattan, como ha hecho Libeskind dejando Berlín— fue también protagonista del comienzo de la temporada de otoño, con la inauguración de su auditorio en Tenerife, un gran gesto a orillas del Atlántico que ha tardado 15 años en completarse, lo mismo que el Disney Hall de Frank Gehry en Los Ángeles, otro extraordinario ejemplo de obra escultórica en la tradición del Sídney de Utzon y su propio Guggenheim en Bilbao. En contraste con estos auditorios espectaculares, el de Francisco Mangado en Pamplona ofrece un modelo de arquitectura urbana y sosegada, acaso metáfora de la serenidad civil imprescindible en una coyuntura de la vida española crispada por las tensiones nacionalistas en el País Vasco y Cataluña.

En el marco de una Europa todavía dividida por la intervención en Irak, el año se cierra en el escenario simbólico de Berlín, donde Rem Koolhaas ha inaugurado la embajada holandesa y una exposición retrospectiva de su trabajo en la Neue Nationalgalerie —coincidiendo con la terminación de su centro de estudiantes en el IIT de Chicago, otra obra mítica de Mies— que aspira a ser un testimonio crítico de la sensibilidad política de la arquitectura, en un tiempo tormentoso marcado por la fuerza de los gestos y los gestos de fuerza.

2004
Líneas de fractura

El conflicto de civilizaciones pronosticado por Huntington se está convirtiendo en un patrón para interpretar las grietas del globo: la agitación del mundo eslavo en su perímetro impreciso, la competencia entre China y Estados Unidos o, sobre todo, la pugna violenta entre el universo musulmán y el Occidente judeocristiano. Pero esta profecía autoinducida reproduce sus grietas en el interior de las placas tectónicas de los bloques culturales y, mientras el analista norteamericano se preocupa por la heterogeneidad segregada que en su país introduce la creciente población de origen hispano, otras hendiduras de naturaleza política se abren por doquier en el propio Occidente: entre Estados Unidos y Europa, dentro de Estados Unidos entre el mundo rural del interior y el urbano de ambas costas, y dentro de la Europa ampliada a 25 miembros, entre devotos y reticentes del vínculo atlántico. Este panorama de desplazamientos y fracturas encuentra una adecuada representación simbólica en una arquitectura quebrada y tormentosa, cuyos precarios equilibrios remiten a la inestabilidad de un mundo sacudido por el terror sin fronteras y la guerra sin límites.

El largo invierno español iba a terminar con unas elecciones legislativas que serían la despedida de Aznar, escenificada arquitectónicamente por el presidente en el marco de la nueva terminal del aeropuerto de Barajas, una colosal estructura de gaviotas metálicas pintadas con los colores del arco iris por Rogers y Lamela, que se inauguró precipitadamente para la ocasión; sin embargo, los amenes del político tendrían lugar más bien en las vías de la estación de Atocha, destino de los cuatro trenes atacados por el terrorismo islamista con el balance trágico bien conocido de 192 muertos y 1.500 heridos: el atentado del 11 de marzo proyectaría su sombra sobre las urnas del día 14 y la vida posterior de la nación, haciendo de la linterna cerámica de Rafael Moneo un memorial sobrevenido de las víctimas.

En el pequeño planeta de la arquitectura, el protagonista del invierno fue Rem Koolhaas, que recibió la Medalla de Oro del Royal Institute of British Architects mientras aún permanecía abierta su macro exposición berlinesa, y se sucedían las inauguraciones de sus obras: tras la embajada de los Países Bajos en la capital germana y el centro de estudiantes en el IIT de Chicago, la espectacular biblioteca de Seattle sería recibida con un aplauso comparable al que previsiblemente recibirá la ya muy avanzada Casa da Música de Oporto, dos piezas facetadas de estética *stealth* que cristalizan pedagógicamente el espíritu dislocado de los tiempos.

La iraquí londinense Zaha Hadid fue galardonada con un polémico Premio Pritzker mientras en su país de origen la ocupación norteamericana se enredaba en una interminable guerra de desgaste esmaltada por el horror de las decapitaciones de rehenes y las torturas de presos, filmadas y fotografiadas para escándalo del mundo; otras distinciones internacionales recayeron sobre Oscar Niemeyer (Praemium Imperiale) y Gilles Perraudin (Medalla Tessenow), a la vez que la Medalla de Oro del Consejo de Colegios de Arquitectos de España se atribuía a Luis Peña Ganchegui, el Grand Prix francés a Patrick Berger y el Premio Stirling británico a Norman Foster por la torre-obús de Swiss Re, distrayendo la atención de los temblores políticos y bélicos.

España también cauterizó las heridas del 11-M con una boda en Madrid y una fiesta en Barcelona: en las alturas de la catedral de la Almudena —una obra de varios estilos iniciada hace un siglo, pero terminada recientemente por Fernando Chueca, arquitecto y gran historiador que fallecería antes de terminar el año, y decorada en murales y vidrieras por Kiko Argüello, un extravagante líder católico—, que junto con el Palacio Real forma la cornisa monumental de la capital, se casó el heredero de la corona con una periodista de televisión; y en el nuevo Fórum de las Culturas —levantado al borde del mar para impulsar el desarrollo urbano, sobre una depuradora en servicio y con un edificio triangular de Herzog & de Meuron como pieza central— se inauguró un acontecimiento ferial y cultural de resultados agridulces, cuyo programa de actividades se prolongaría durante todo el estío.

El verano tendría su centro inevitable en los eventos deportivos, y tanto el campeonato europeo de fútbol en Portugal como los Juegos Olímpicos de Atenas dejarían tras de sí arquitecturas emblemáticas: Eduardo Souto de Moura construyó en una cantera el estadio de Braga, el más singular de los promovidos para disputar la competición; y Santiago Calatrava levantó la gran cubierta sostenida por arcos del estadio olímpico, que habría de ser el mejor símbolo de unos juegos retornados a sus orígenes helénicos y organizados en una carrera contra los plazos de ejecución de las obras.

La saga de la Zona Cero se continuó con encargos de memoriales y edificios conmemorativos a Michael Arad con Peter Walker, Frank Gehry y los noruegos de Snøhetta, amenazando con convertir el solar de la tragedia en un parque temático-inmobiliario; y en España, la inauguración prematura de Barajas fue seguida por las de la ampliación del Reina Sofía de Nouvel y el MUSAC de Moreno Mansilla y Tuñón, dos museos de arte contemporáneo en Madrid y León que extienden la promoción pública de la cultura de vanguardia.

Venecia fue la cita más concurrida del otoño, con una Bienal tempestuosa que premió la carrera de Peter Eisenman —en el año del centenario de su admirado Terragni—, las obras de Kazuyo Sejima y Ryue Nishizawa, y el espíritu crítico del pabellón belga. Por su parte, los estrenos más debatidos fueron los del Parlamento de Escocia en Edimburgo, realización póstuma de Enric Miralles cuyo descontrol presupuestario fue objeto de una investigación política; y la del remodelado Museo de Arte Moderno de Nueva York, ampliado por Yoshio Taniguchi con sobrio laconismo, e inaugurado —como la biblioteca construida por Polshek para Clinton— tras unas apasionadas elecciones que dieron a George Bush cuatro años más en la Casa Blanca.

En este último trimestre, la desaparición de Jacques Derrida —cuya filosofía de la deconstrucción inspiró una arquitectura de formas fracturadas— fue el colofón de una lista necrológica que incluyó a los europeos Kleihues, Belgiojoso, Reiner y Steidle, y a los norteamericanos Koenig, Abramovitz, Larrabee Barnes y Fay Jones, además del gran fotógrafo Ezra Stoller: los edificios congelados en el espejo de su lente dibujan el perfil de una época más optimista, y de una modernidad que todavía encerraba una promesa de emancipación. Desde el punto de fuga de este prólogo del siglo, un sueño racional que ha sido desplazado por el sueño de la razón.

2005
Un tiempo convulso

Este ha sido un año de catástrofes naturales y cataclismos sociales. Desde los ecos del tsunami del Índico hasta el terremoto de Cachemira, pasando por el huracán caribeño que destruyó Nueva Orleans, la violencia de los elementos ha hecho reflexionar sobre el cambio climático; y en España el incendio del edificio Windsor en Madrid y el hundimiento del barrio del Carmelo en Barcelona han obligado a pensar sobre la fragilidad de nuestras ciudades. En el terreno político y social, la tragedia interminable del próximo Oriente (con el conflicto sangriento de Irak, la inestabilidad de Irán o Líbano, y la incertidumbre de Israel y Palestina sin Sharón ni Arafat) entra en sintonía con el desgobierno de la superpotencia americana, embarcada en un viaje sin destino de agresión militar y cárceles clandestinas, y la impotencia de una Europa que, tras rechazar su constitución y en una crisis de liderazgo de la que solo parece salvarse la novata Merkel, se ha visto golpeada por el terrorismo islámico en Londres, la ira de los marginados en los barrios periféricos de Francia y la desesperación de los inmigrantes ilegales en las ciudades españolas de África.

Por lo demás, la arquitectura continuó su trayecto en piloto automático, cada vez más espectacular y más ensimismada, utilizando los grandes eventos expositivos y deportivos como combustible para la remodelación urbana. De ahí la importancia de la pugna por los Juegos Olímpicos de 2012, que la ciudad de Madrid —inmersa en una profunda transformación con el soterramiento de la autovía que circula junto al río Manzanares— no pudo ganar, haciendo un digno papel tras la vencedora Londres y la insistente

París, y pasando por delante de dos metrópolis imperiales, la Nueva York mártir del 11-S y la Moscú de Putin; todo ello mientras Valencia prepara la Copa América de 2007 y Zaragoza la Expo del Agua de 2008, que han generado numerosos concursos y proyectos. En el mundo, el año vio la celebración de la Exposición Universal de Aichi, donde fue protagonista el pabellón español, realizado por Zaera y Moussavi con hexágonos cerámicos, y del congreso trienal de la UIA, que en Estambul concedió su medalla al japonés Tadao Ando.

En un año marcado por la muerte en directo del papa Juan Pablo II, la arquitectura tuvo que lamentar la desaparición de muchos maestros, aunque casi todos habían abandonado hace tiempo el escenario: Philip Johnson, el gran árbitro de la escena neoyorquina; Ralph Erskine, el británico-escandinavo pionero de la ecología y la participación; Kenzo Tange, que usó la técnica para construir los símbolos del Japón de la posguerra; Giancarlo De Carlo, el italiano humanista y comprometido que era el último superviviente del Team X; Fernando Távora, maestro de Siza y fundador de la modernidad portuguesa; James Ingo Freed, el socio de Ieoh Ming Pei que diseñó el Museo del Holocausto en Washington; o Constant, el escultor holandés autor de la Nueva Babilonia. Además de los nuestros, desde Francisco de Asís Cabrero, autor de la sede de Sindicatos, que hizo arquitectura fascista y racional, y hasta el sevillano Manuel Trillo, el alicantino Juan Guardiola o el madrileño Javier Feduchi, miembro de una saga ilustre de arquitectos y diseñadores de mobiliario.

Lo mismo cabe decir de la pedrea de los premios, que celebraron casi siempre carreras o construcciones destacadas sin abrir caminos diferentes a la exaltación del autor y la obra. Así el Pritzker consagró a un californiano *enragé* y sexagenario, Thom Mayne, y el japonés Imperiale distinguió apropiadamente al compatriota autor de la reforma del MoMA, Yoshio Taniguchi; las medallas de oro anglosajonas coincidieron en premiar la arquitectura ingenieril, recayendo la del RIBA en el alemán Frei Otto y la del AIA en el valenciano Santiago Calatrava; el holandés Rem Koolhaas recibió el Mies por la embajada de su país en Berlín, y el catalán Enric Miralles obtuvo póstumamente, por el Parlamento de Escocia —completado por su viuda, Benedetta Tagliabue—, el galardón de la Bienal Española y el Stirling británico; por último, el Premio Nacional español correspondió a Guillermo Vázquez Consuegra por el paseo marítimo de Vigo, y el FAD, ahora con dimensión ibérica, a Eduardo Souto de Moura por los hormigones atléticos del estadio de Braga.

La *Art Review* publicó su lista anual de las cien personas más influyentes en el mundo del arte, y en esta ocasión la relación incluía cuatro firmas de arquitectos: los suizos Herzog & de Meuron, que tras estrenar la neumática Allianz Arena en Múnich han inaugurado sendos museos en Estados Unidos, el Walker Art Center en Mineápolis y el Museo De Young en San Francisco; el genovés Renzo Piano, que además de terminar el Zentrum Paul Klee en Berna ha concluido la ampliación del High Museum of Art en Atlanta; el ya mencionado Koolhaas, que ha abierto una tienda de Prada en Los Ángeles y una colosal Casa da Música en Oporto; y la angloiraquí Zaha Hadid, que ha completado obras en Wolfsburg y Leipzig. Edificios celebrados, que se unen al memorial del Holocausto de Peter Eisenman en Berlín, el pabellón de Frank Gehry en el Millennium Park de Chicago, la Feria de Milán de Massimiliano Fuksas, y las obras españolas de Jean Nouvel en Madrid y Barcelona, para componer un bodegón de excelencia o de fatiga donde también figuran algunas grandes obras de la península o los archipiélagos, desde el palacio de las artes de Calatrava en Valencia hasta el palacio de congresos de AMP en Tenerife.

El capítulo de aniversarios y eventos fue reiterativo y previsible. El año de Einstein fue también el de los cuatrocientos años del *Quijote,* que provocaron un sinnúmero de hiperbólicas celebraciones oficialistas, sin otro fruto arquitectónico que el homenaje al manchego universal Miguel Fisac; los centenarios de Albert Speer y Juan O'Gorman, dos arquitectos de extraordinaria y antitética dimensión política, pasaron más inadvertidos que el de Las Vegas, lo que indica algo acerca de la temperatura ideológica de los tiempos; y es quizá también sintomático el escaso esfuerzo de conmemoración suscitado por el medio siglo de Hiroshima, una sima histórica que rehúye la piedad y el perdón. Ha sido un año memorioso y amnésico, anestesiado y convulso, tan trágico por las catástrofes experimentadas como por la sensación de pérdida de rumbo en la gobernanza de este planeta vulnerable.

2006
El globo sin gobierno

La confusión urbana refleja el desorden del planeta: tanto el crecimiento ingobernable de las ciudades como la degradación creciente del entorno son síntomas del desgobierno global, en un momento histórico que contempla a la vez la disolución de los límites y el desvanecimiento de las normas. Un mundo enmadejado por flujos que se expanden —desde la información instantánea o el torrente de mercancías hasta las grandes migraciones hacia las megápolis babélicas—, y enredado en un laberinto de crisis enlazadas —bélicas, energéticas y climáticas—, experimenta el desaliento de una deriva política, una fragmentación social y una descomposición ideológica que contrastan con la aceleración de las economías.

El conflicto material y simbólico abierto por el 11-S entre Occidente y el universo islámico se agravó durante el año, con el hundimiento de Irak en una guerra civil jalonada por la ejecución de Sadam, el recrudecimiento de los combates en Afganistán, Palestina y Somalia, el desafío atómico de Irán y la cólera de las mezquitas tras el discurso de Aquisgrán de un papa que sin embargo viajó a Turquía, apoyando su ingreso en la mayoritariamente cristiana Unión Europea. Esta, que todavía no ha digerido las consecuencias de la ampliación y el fracaso de la Constitución, se enfrentó al riesgo renovado de su dependencia energética, negociando el suministro ruso al tiempo que reconsidera la opción nuclear.

La catástrofe de Irak tuvo consecuencias en Estados Unidos, donde los demócratas obtuvieron la mayoría en ambas cámaras, en sintonía con los corrimientos de la opinión que han dado el poder a izquierdas populistas en varios países de América Latina; allí, tanto la desaparición de Pinochet como la enfermedad de Castro hicieron visible el otoño de los patriarcas despóticos, mientras se debilitaba la influencia del poderoso vecino del norte y se hacía palpable la de su gran rival geoestratégico, China, que siguió tomando posiciones tanto en este continente como en el africano, practicando una alianza de civilizaciones muy diferente a la que han preconizado el cesante Kofi Annan y nuestro Zapatero.

En España, el año político estuvo marcado por los rescoldos del estatuto catalán y unas elecciones regionales anticipadas que dejaron el debate en tablas; por la aspereza del enfrentamiento ideológico suscitado por la memoria de la Guerra Civil, que alcanzó hasta las esquelas; y, sobre todo, por la reactivación del terrorismo de ETA, que destruyó un módulo del aparcamiento de la nueva terminal de Barajas, causando dos víctimas. Por su parte, el año social estuvo protagonizado por el esfuerzo para controlar la inmigración desbordada; por el empeño en disminuir las víctimas del tabaco y la carretera con las prohibiciones de fumar y el carné por puntos; y por el intento judicial de poner coto a la corrupción urbanística en las ciudades y en la costa.

Alimentada por un *boom* inmobiliario que comenzó a manifestar signos de enfriamiento, la economía española creció por encima de la media europea, y solo la comparación con los ritmos vertiginosos de algunos países emergentes da perspectiva a un auge que ha beneficiado a las constructoras, protagonistas de adquisiciones colosales en los sectores de la energía y los servicios, e impulsado el desarrollo urbano tanto en la capital —empeñada en obras de la dimensión de la M-30 o los rascacielos de la Castellana— como en las restantes ciudades, y desde luego en las que preparan grandes eventos, sean Valencia —donde David Chipperfield y b720 completaron el edificio emblemático del puerto deportivo para la Copa América 2007— o Zaragoza, que añadirá a las obras en marcha de la Expo 2008 un nuevo museo en el centro de la ciudad, diseñado por Herzog & de Meuron.

Esta efervescencia urbana —que ha dado lugar también a polémicas como la muy notoria en defensa de la arboleda del paseo del Prado madrileño— se produjo en paralelo a un florecimiento arquitectónico del que dio cuenta una gran exposición del Museo de Arte Moderno de Nueva York, inaugurada allí en febrero y presentada en Madrid después, reforzando la autoestima colectiva que igualmente brindan los éxitos internacionales de cocineros como Adrià, cineastas como Almodóvar y deportistas como Gasol, que llevó la selección de baloncesto a un título mundial, o Alonso, que ganó su segundo campeonato de Fórmula 1: una exposición donde figuraba la que sería inevitable protagonista del año, la T4 de Barajas, puesta en servicio a comienzos del mismo y atacada por el terrorismo el penúltimo día de 2006.

Por lo demás, la elegancia técnica y liviana de la terminal aeroportuaria le valió la mayor distinción británica, el Premio Stirling, y Richard Rogers, que firmó el proyecto junto con el madrileño Estudio Lamela, vio también homenajeada su trayectoria con el León de Oro de la Bienal de Arquitectura de Venecia. Un capítulo de galardones en el que deben también mencionarse el Premio Pritzker, otorgado al brasileño Paulo Mendes da Rocha y entregado en el Estambul de Orhan Pamuk; el Praemium Imperiale, que recayó en el alemán Frei Otto; las Medallas de Oro del RIBA y el AIA, concedidas respectivamente al japonés Toyo Ito y al arquitecto de Arizona Antoine Predock; y la Medalla Tessenow, que distinguió al estudio británico Sergison Bates.

Ya en nuestro país, el premio FAD se otorgó a la biblioteca Jaume Fuster en Barcelona, obra de Josep Llinàs y

Joan Vera, mientras el mayor honor profesional, la Medalla de Oro del Consejo de Colegios de Arquitectos, celebró la carrera del navarro Rafael Moneo —que completó en Madrid una ampliación del Banco de España modélica en su subordinación a la historia y al contexto—, y el Premio Camuñas se otorgó al veterano catalán Francesc Mitjans, tristemente fallecido poco después; su nombre se añade a una lista de pérdidas que encabeza el manchego y universal Miguel Fisac, y en la que también figuran la italiana Anna Castelli, el alemán Simon Ungers, el austríaco y australiano Harry Seidler, el japonés Kazuo Shinohara y los norteamericanos Hugh Stubbins y Sheldon Fox, así como el crítico de origen alemán Peter Blake y la activista urbana en Nueva York y Toronto Jane Jacobs.

Entre los edificios del año no pueden dejar de mencionarse tres iconos alemanes, todos diseñados por extranjeros: el fluido y dinámico Museo Mercedes-Benz en Stuttgart, obra del holandés Ben van Berkel y su UNStudio; las geometrías oníricas de la escuela de diseño de Essen, de los japoneses Sejima y Nishizawa; y la extraordinaria Allianz Arena, un estadio neumático y polícromo de los suizos Herzog & de Meuron —autores también de un insólito proyecto de ampliación de la Tate Modern— que se reinauguró con el campeonato mundial de fútbol del verano: un emblemático recinto al que se unirían la remodelación del estadio olímpico de Berlín por Von Gerkan y Marg, el nuevo estadio en Palencia de Francisco Mangado y el de los Cardinals en Arizona de Peter Eisenman.

En Estados Unidos —donde completaron obras Steven Holl, Daniel Libeskind, Diller y Scofidio o Morphosis— fue un año especialmente bueno para los arquitectos europeos, que acabaron obras importantes: el francés Jean Nouvel, que inauguró en París el polémico Museo del Quai Branly, terminó también su primer edificio americano, el Teatro Guthrie en Mineápolis; el británico Norman Foster, que culminó en Kazajistán una monumental Pirámide de la Paz, remató en Manhattan un rascacielos para la compañía Hearst tan elegante como exquisito en su diálogo con lo existente; y el italiano Renzo Piano, que proyecta en el país un sinnúmero de sedes culturales, abrió en Nueva York una de ellas, la delicadamente remodelada Morgan Library.

La ciudad de los rascacielos vio también levantarse la última obra de Frank Gehry, una ondulante sede corporativa frente al Hudson que renueva el lenguaje del californiano como no lo hizo el hotel construido en la Rioja Alavesa para las bodegas Marqués de Riscal. Pese a todo, la titularidad simbólica de los edificios en altura se ha ido alejando progresivamente de la Gran Manzana, con una floración de rascacielos que levanta nuevos Manhattan en Shanghái o en Seúl, en São Paulo o en Nueva Delhi, en Moscú o en Dubai, en una frenética competición que ya no excluye a ciudades históricas como Sevilla o San Petersburgo, donde se celebran concursos para erigir sedes colosales para los poderes fácticos, las cajas de ahorro en el caso andaluz y la empresa de energía Gazprom en el ruso.

Como cada año, en lo que comienza a ser una tradición de exploración de nuevos caminos en la arquitectura, la Serpentine Gallery londinense construyó un pabellón efímero, y el encargado en esta ocasión fue el holandés Rem Koolhaas, que junto al ingeniero Cecil Balmond y el artista Thomas Demand levantó en Hyde Park una estructura cuya levedad hinchada sirve como metáfora visual del globo en que vivimos, una burbuja vulnerable que solo se sostiene manteniendo la presión en su interior translúcido y vacío, saturado de información y despojado de sustancia. Pensábamos que iba a ser el año de Mozart, pero ha acabado siendo el año de YouTube.

74

2007
El alba de Asia

Asia solía ser el futuro: hoy es el presente del mundo. La mudanza del ciclo económico ha precipitado un *sorpasso* financiero que augura un liderazgo político y militar. Al comenzar 2007 eran americanos tres de los cinco mayores bancos del planeta —incluyendo el primero— y solamente uno era chino; al término del año la situación se ha invertido, con tres bancos chinos entre los cinco mayores —entre los cuales el líder— y solo un banco americano en la quinta posición. La crisis hipotecaria estadounidense que afloró en agosto ha sido un punto de inflexión que ha provocado el pinchazo de la burbuja inmobiliaria y la entrada de los fondos de inversión asiáticos —desde el Golfo hasta Singapur— en los bancos occidentales, dibujando un nuevo panorama del poder económico, que se acentúa con las vigorosas adquisiciones de China en las materias primas y la energía de África y América Latina. Todo ello en el contexto del declive del dólar, el alza del petróleo y la conciencia universal de una crisis climática que se superpone a las turbulencias provocadas por la globalización demográfica e informática, el desgobierno de la superpotencia y el descrédito de la democracia frente al fundamentalismo autoritario que ha tenido en el Pakistán sacudido por al asesinato de Benazir Bhutto su escenario más amenazante.

El pequeño planeta de la arquitectura ha entrado en resonancia con las vibraciones del mundo al menos en dos longitudes de onda: la urbana y la simbólica. En el terreno de la construcción habitual que teje la fábrica de nuestras ciudades, el desplome de la promoción de viviendas que ha marcado el fin del *boom* inmobiliario y la percepción incrementada de la responsabilidad arquitectónica en el calentamiento global han generado una nueva actitud de sensibilidad ecológica, que en España se vio reforzada por el debate sobre el deterioro de las costas y el entorno de las metrópolis causado por el hiperdesarrollo y la corrupción urbanística. En el ámbito de los edificios de carácter representativo, la avidez de los dirigentes políticos por las construcciones simbólicas se mantuvo sin desmayo, desde el esperanzadamente emergente Nicolas Sarkozy —que eligió iniciar su mandato rodeado de estrellas de la arquitectura— o el renovadamente poderoso Vladímir Putin —que manifiesta el empuje de Rusia con proyectos emblemáticos en Moscú y San Petersburgo— hasta los desorbitadamente ricos emires del Golfo, el próspero autócrata Nursultán Nazarbáyev de Kazajistán o los jerarcas meritocráticos del capitalismo totalitario de China, que en los Juegos Olímpicos de Pekín harán visible su auge con un espectacular conjunto de obras de autor, iniciado en este ejercicio con la inauguración de la ópera de Paul Andreu.

Por lo demás, el año que celebró el treinta aniversario del Pompidou parisino vio también a su coautor Richard Rogers recibir el Premio Pritzker en un Londres pujante, mientras el festejo de la primera década del Guggenheim bilbaíno coincidió con la extensión de la popularidad de Frank Gehry, que apareció en la serie *Los Simpson,* fue mentor de Brad Pitt y diseñó joyas para Tiffany, en una ilustración elocuente del ingreso de los arquitectos en una pompa de celebridad que ha promovido la valoración artístico-mercantil de sus archivos y la venta en subasta —junto a los Rothko, los Warhol y los Bacon— de obras como la casa Kaufmann de Richard Neutra, la Farnsworth de Mies van der Rohe, la Tropicale de Jean Prouvé, la Case Study 21 de Pierre Koenig o la Wolfson Trailer de Marcel Breuer; un comercio de iconos domésticos que contrasta con la donación al National Trust de la Glass House de Philip Johnson, abierta al público este año y ya con muy extensas listas de espera para su vista en la mítica finca de New Canaan. En Nueva York, mientras tanto, el matrimonio entre los arquitectos, el dinero y la fama se manifiesta en un turbión de lujosos proyectos residenciales que convocan a toda la élite profesional, encabezados por los suizos Herzog & de Meuron —los otros grandes premiados del año, con la Medalla de Oro del RIBA y el japonés Praemium Imperiale—, cuyo edificio en 40 Bond suministra un contrapunto de opulencia privada a dos excelentes realizaciones en Manhattan de eminente vocación pública, el rascacielos de Renzo Piano para *The New York Times* y la pequeña torre de SANAA para el New Museum.

En Europa, la materialidad lacónica del museo de Peter Zumthor en Colonia y el remolino congelado de Coop Himmelb(l)au para BMW suministran los dos polos estéticos entre los que bascula el experimentalismo formal que ha tenido en Alemania un laboratorio especialmente generoso, en sintonía con la voluntad innovadora de unos Países Bajos que han visto a MVRDV, UNStudio, Jan Neutelings o Erick van Egeraat completar obras destacadas, y en contraste con un Reino Unido que ha frustrado muchas de las expectativas creadas por la designación de Londres como sede olímpica, mientras el sur del continente celebraba la culminación del Museo de la Acrópolis de Bernard Tschumi y la ampliación del Museo del Prado de Rafael Moneo; Madrid, donde Thom Mayne o FOA completaron singulares proyectos de vivienda social, fue también escenario de algunos de los concursos más notorios —desde la Ciudad de la Justicia, donde Zaha Hadid se hizo con el mayor encargo, hasta el del palacio de congresos junto a los cuatro rascacielos del paseo de la Castellana, ganado por Mansilla y Tuñón poco días después de obtener el Premio Mies por su MUSAC leonés— y de algunas de las polémicas más ásperas, que afectaron —tras las elecciones locales y regionales celebradas en marzo— a tramas de corrupción municipal, a la invasión de la ciudad por colosales pantallas publicitarias y al cese de Juan Navarro Baldeweg en el Teatro del Canal, un episodio de desencuentro entre políticos y arquitectos que se sumó a las tribulaciones de Santiago Calatrava en Valencia o Bilbao y a la comisión de investigación del Parlamento de Galicia sobre la Ciudad de la Cultura de Peter Eisenman en Santiago de Compostela.

Calderilla de anécdotas de un año que, en lo deportivo, vio desarrollarse la Copa América en Valencia, frente al Foredeck de un David Chipperfield que acabaría obteniendo el Premio Stirling por su Museo de Literatura en Marbach; y alimentó con la pugna Alonso-Hamilton una pasión por la Fórmula 1 que impulsaría proyectos como la Ciudad del Motor de Alcañiz, ganada en concurso por el mismo Norman Foster que se impondría en el convocado para remodelar el Camp Nou barcelonés. Y un año que, en lo cultural, transitó con levedad por el *grand tour* artístico del verano, saludó la botadura de la Trienal de Arquitectura de Lisboa —coincidiendo con una presidencia europea que consiguió alumbrar un esperanzador tratado para la Unión—, celebró el centenario de Charles Eames a la vez que los cien años jubilosos de Oscar Niemeyer, y deploró un triste balance de desapariciones: el cine perdió a Bergman y Antonioni, la música a Rostropóvich y Pavarotti, el pensamiento a Gorz y Rorty, la literatura a Mailer y Gracq, el periodismo a Umbral y Polanco, el arte a Cuixart y Palazuelo, y la arquitectura a Livio Vacchini, Colin St John Wilson, Rogelio Salmona, Oswald Mathias Ungers, Kisho Kurokawa y Ettore Sottsass. Biografías todas ellas públicas que se han cerrado ya en la Wikipedia, en un año indeciso que fue testigo de la explosión viral de las vidas privadas en ese laberinto reticular al que llamamos Facebook.

2008
Un sismo en el sistema

Iba a ser el *annus mirabilis* de la China olímpica, y terminó siendo el *annus horribilis* del capitalismo liberal. Apenas clausurados los Juegos de Pekín, un terremoto financiero con epicentro en Nueva York causó un pánico bancario sin precedentes por su escala y extensión, derrumbando los mercados bursátiles y obligando a los Gobiernos a rescatar las entidades en crisis mediante la inyección de sumas ingentes de dinero, lo que no impidió la quiebra de grandes bancos como Lehman Brothers o de países enteros como Islandia. La catástrofe financiera provocó de inmediato una recesión económica, y los planes de rescate proyectaron la sombra de una crisis fiscal, poniendo al sistema del capitalismo liberal al borde del precipicio: desbordando los límites de una crisis cíclica, el sismo originado en las economías centrales se extendió hasta los países emergentes, situando al planeta en la frontera de un colapso sistémico, agravado por la ausencia de liderazgo en la superpotencia estadounidense, donde la elección de Obama en noviembre fue una luz de esperanza en un año de tiniebla.

El detonador de la crisis fueron las hipotecas basura, que afloraron con el pinchazo de la burbuja inmobiliaria, provocando un desplome del sector de la construcción que fue más agudo en los países —como España— donde el *boom* había alcanzado cotas más altas. Esta depresión inmobiliaria colorea en gris un año arquitectónico que tuvo su centro cordial en dos eventos festivos, los Juegos Olímpicos de Pekín y la Expo del Agua en Zaragoza. En la capital china se desarrolló un colosal espectáculo planetario que dejó tras de sí el extraordinario Nido de Pájaro, el estadio diseñado por los suizos Herzog & de Meuron con el artista Ai Weiwei como una titánica madeja de acero; las piscinas concebidas como un 'cubo de agua' por la firma australiana PTW; y el aeropuerto ejecutado por el británico Norman Foster, cuya elegante levedad no le impide ser la mayor construcción del globo. En la capital aragonesa, por su parte, una exposición internacional sobre el agua y el desarrollo sostenible —aunque también vinculada al segundo centenario de la guerra de la Independencia, de cuyo inicio Zaragoza fue protagonista— produjo, entre el habitual turbión de construcciones efímeras, algunos edificios singulares, del pabellón-puente de la angloiraquí Zaha Hadid al palacio de congresos de los madrileños Nieto Sobejano, y una obra excepcional, el pabellón de España, materializado como un bosque lírico y exacto de columnas cerámicas por el navarro Francisco Mangado.

Las urgencias financieras y las tensiones sociales creadas por el incremento del paro robaron los focos de atención a la crisis climática y energética —el petróleo llegó a alcanzar los 150 dólares por barril, para desplomarse a fin de año hasta los 40—, pero el tobogán económico no alteró el progresivo deterioro ecológico del planeta, un desafío histórico para la humanidad que reclama una gobernanza global de los recursos y, en el terreno de la arquitectura, un énfasis renovado en la sostenibilidad. Pocas obras expresan mejor esta actitud que la Academia de Ciencias de California, construida por Renzo Piano en San Francisco con una cubierta verde y ondulante que es todo un manifiesto ético y estético, en un año del que el genovés fue también protagonista por su Medalla de Oro del AIA y sus proyectos en Ronchamp y de ampliación del Museo Kimbell, en diálogo con Le Corbusier y Louis Kahn.

Otros nombres propios del año fueron los del francés Jean Nouvel, que recibió el Premio Pritzker en Washington y terminó un auditorio en Copenhague; el suizo Peter Zumthor, que obtuvo el Praemium Imperiale e inauguró una emocionante capilla en Mechernich; el mexicano Teodoro González de León, que recibió la Medalla de Oro de la UIA en su congreso de Turín y terminó un museo de arte en el Distrito Federal; el santanderino Juan Navarro Baldeweg, que fue galardonado con el oro español y remató en Madrid el Teatro del Canal; y el californiano Frank Gehry, homenajeado con el León de Oro en una decepcionante Bienal de Venecia y centro de una áspera polémica —más virulenta que la originada por los proyectos de Foster y Hadid en La Meca— con su Museo de la Tolerancia en Jerusalén, centro simbólico de un Oriente Próximo que volvió a incendiarse en diciembre con la invasión de Gaza. Obras destacadas fueron también la topográfica ópera de Snøhetta en Oslo, la biblioteca de Giancarlo Mazzanti en Medellín, las universidades de Grafton en Milán y de José Cruz Ovalle en Santiago de Chile, el puente de Santiago Calatrava en Venecia, el museo de Nieto Sobejano en Moritzburg y dos grandes realizaciones en Seúl y Luxemburgo de un Dominique Perrault que vio su carrera homenajeada con una gran exposición en el Centro Pompidou.

En España, los éxitos deportivos del año no tuvieron un correlato arquitectónico, y los edificios más celebrados fueron, además de la Ciudad de la Justicia de David Chipperfield en Barcelona, museos como el de Herzog & de Meuron (que también ganaron el concurso para la sede del BBVA en Madrid) en Tenerife y los de Rafael Moneo o Guillermo Vázquez Consuegra en Cartagena, y bodegas como la de Richard Rogers en Peñafiel; pero la culminación más esperada fue la de las cuatro torres levantadas en el norte de la capital por Henry Cobb, César Pelli, Rubio y Álvarez-Sala, y Norman Foster, entre las cuales se puso también la primera piedra del centro de congresos diseñado en forma de rueda por Mansilla y Tuñón, que ganaron por cierto el concurso para la pieza central de la Ciudad del Medio Ambiente de Soria con una propuesta de base esférica. Estos remates de altura dieron el contrapunto a un ejercicio en el cual la crisis del crédito desencadenó una epidemia de cancelación de proyectos de rascacielos, desde Estados Unidos —donde afectó a Calatrava en Chicago y a Nouvel en Nueva York— hasta Rusia, donde Foster vio desvanecerse su torre moscovita, y los propios emiratos del Golfo, que no resultaron inmunes a la recesión.

Por lo demás, el curso que celebró los centenarios de Jorge Oteiza y Max Bill o los 500 años de Palladio homenajeó asimismo a Paul Rudolph al hilo de la restauración y ampliación de su Escuela de Arquitectura en la Universidad de Yale, perseveró en el culto a Le Corbusier con un copioso conjunto de publicaciones y eventos, y lamentó la inevitable lista de desapariciones, encabezada por dos maestros parcialmente malogrados, el gran danés Jørn Utzon —al que recordaremos por la Ópera de Sidney y la iglesia de Bagsvaerd— y nuestro Fernando Higueras —inseparable ya de la mítica Corona de espinas— y en la que también figuran los arquitectos Walter Netsch, Nader Khalili, Joaquim Guedes, Federico Barba Corsini o Matilde Ucelay, el crítico Martin Pawley, los editores Andreas Papadakis y Gustavo Gili, los ingenieros de caminos y empresarios José María Entrecanales y Rafael del Pino, así como el exalcalde de Benidorm y pionero del urbanismo turístico Pedro Zaragoza: un defensor de los rascacielos el año que estos vivieron su agonía y su éxtasis, condenados como emblemas del capitalismo irresponsable y celebrados en su último hurra antes de la debacle inmobiliaria y financiera.

Llega el frío

El planeta se calienta, la economía se enfría, y un temblor de incertidumbre sacude nuestras vidas. Un rosario de crisis anudadas ha tejido una red de pesimismo que encierra en sus mallas los signos de recuperación. Disuelto el pánico de finales de 2008, el año 2009 ha experimentado una euforia bursátil que se compadece mal con los desequilibrios comerciales y los riesgos monetarios, y un dinamismo en algunas economías emergentes que no es incompatible con el debilitamiento de la gobernanza global, incapaz de abordar los dilemas del clima y el terror.

En la arquitectura, el remate de la última cosecha de obras emblemáticas se ha producido en paralelo al colapso de numerosas burbujas inmobiliarias, una simultaneidad paradójica que ilustra bien la coincidencia entre la terminación del Burj Dubái —ahora llamado Burj Khalifa, 'Torre Califa', que con sus 818 metros es el edificio más alto del mundo— y el derrumbamiento de las finanzas del emirato, rescatado *in extremis* de la quiebra por su vecino Abu Dabi, cuya prosperidad petrolera promueve por cierto la más ambiciosa experiencia de sostenibilidad urbana: la nueva ciudad de Masdar, diseñada por la oficina británica de Norman Foster.

La naturaleza contradictoria de los tiempos se advierte también en España, donde la profundidad de la crisis, que ha devastado un sobredimensionado sector de la construcción y generado unas tasas de paro que doblan el promedio de la Unión Europea, no ha suscitado ni conflictividad social ni un debate político que merezca ese nombre, enredándose los líderes mediáticos en reproches cruzados sobre la corrupción, mientras el endeudamiento acelerado del Estado traslada a un futuro impreciso los costes de la adaptación a un mundo que ha cambiado irreversiblemente.

No es fácil, en este contexto, compilar un balance del año que se limite a reseñar los acontecimientos y los aniversarios, los premios y las pérdidas, los concursos y las culminaciones de edificios. Bajo el impacto de la ya bautizada como Gran Recesión, la primera década del siglo XXI se ha cerrado con sabor a ceniza, y los esfuerzos por adjetivarla —de 'la década perdida' a 'la década del doble cero'— testimonian que, más allá del extraordinario auge de las redes sociales, las perspectivas abiertas por el desciframiento del genoma humano o los avances de la inteligencia artificial, los compases postreros de la era analógica están teñidos por el escepticismo y la ansiedad: ingresamos en un tiempo nuevo que no puede explicarse rutinariamente, pero no sabemos si desearlo o temerlo.

Con todo, debemos disciplinadamente recordar que el segundo centenario de Charles Darwin —y el 150 aniversario de *El origen de las especies,* que tanto influyó en la concepción evolutiva del diseño— coincidió con el primero del futurismo, un movimiento ambiguo que recuperamos con cautela, y con los centenarios de personajes como el arquitecto y crítico Ernesto Rogers, que conocemos por su firma BBPR, pero también por su dirección de *Casabella* (una revista que, junto a su contrapunto *Domus,* celebró este año su 80 aniversario); como el ingeniero Fritz Leonhardt, que construyó obras esenciales durante el período nazi y en la democracia; o como el paisajista Roberto Burle Marx, inseparable del Brasil joven que levantó Brasilia, una ciudad nueva que cumple ahora 50 años: los mismos que el Guggenheim de Frank Lloyd Wright, celebrados con una exposición del maestro que viajó de Nueva York a Bilbao, cruzando el Atlántico en sentido inverso a la gran exposición conmemorativa de los 90 años de la Bauhaus, que se inauguró en Berlín para reabrirse en el MoMA.

Más allá de las efemérides, los rescoldos del año de China alumbraron la imagen insólita de la sede de la CCTV en llamas: una de las obras icónicas del Pekín olímpico —diseñada por el holandés Rem Koolhaas— destruida parcialmente tras un incendio provocado por una fiesta con fuegos artificiales, circunstancias todas que contribuyen a suministrar una ilustración sesgada del vigor afirmativo y la fragilidad indecisa de la nueva superpotencia, admirada por su auge económico y censurada por sus deficiencias democráticas; críticas estas que no han impedido al País del Centro formar con Estados Unidos el G-2 que hoy lidera el planeta.

Desde luego, a esta todavía ineficaz gobernanza global se han incorporado nuevos protagonistas, y muy singularmente los emergentes India, Indonesia, Sudáfrica y Brasil, que ante la glaciación japonesa, la implosión rusa y la parálisis europea están llamados a desempeñar un papel cada vez más significativo, subrayado a menudo —como en el caso de China— por los macroeventos deportivos. Así ocurrirá con el Mundial de Sudáfrica de 2010, que ha levantado ya estadios de mérito en Johannesburgo, Ciudad del Cabo, Puerto Elizabeth y Durban; y así con el Mundial de Brasil en 2014, reforzando el liderazgo continental de un país que obtuvo en octubre los Juegos Olímpicos de 2016 para Río de Janeiro, en competencia con el Chicago de Obama, pero también con Tokio y Madrid, ciudad esta que coronó su apuesta infructuosa con la inauguración en mayo de la formidable Caja Mágica de Dominique Perrault, un centro de tenis impulsado por los éxitos internacionales de la 'Armada española'.

El año tuvo asimismo la habitual lista de premios, encabezada por el Pritzker, que ganó el severo suizo Peter

Zumthor, y el Mies, que se otorgó a la Ópera de Oslo, una obra horizontal, paisajística y urbana del estudio Snøhetta; el portugués Álvaro Siza recibió a la vez el oro británico y el francés, mientras el estadounidense recaía en el australiano Glenn Murcutt; la angloiraquí Zaha Hadid, que terminó el museo MAXXI en Roma, fue galardonada con el Praemium Imperiale, y el norteamericano Steven Holl, que inauguró el museo Knut Hamsun en la Noruega de sus orígenes, fue el primer receptor del generosamente dotado Premio Fundación BBVA; el británico Norman Foster, que inauguró en Madrid la primera exposición exhaustiva de sus dibujos, fue distinguido con el Príncipe de Asturias de las Artes, siendo el cuarto arquitecto que obtiene este premio, el más prestigioso de los concedidos en España, donde los organismos profesionales también destacaron dos obras recientes: el Teatro del Canal en Madrid, un proyecto de Juan Navarro Baldeweg que recibió el Premio de la Bienal, y el Pabellón de España en Zaragoza, una realización de Francisco Mangado a la que le fue otorgada el Premio de Arquitectura Española, al mismo tiempo que el navarro completaba otras dos obras importantes, el Palacio de Congresos de Ávila y el Museo de Arqueología de Álava.

La nómina de obras completadas, además de las ya mencionadas arriba, debería incluir el Museo de la Acrópolis de Bernard Tschumi en Atenas; la Fundación Pinault de Tadao Ando en Venecia; el Art Institute de Renzo Piano en Chicago; y los museos de David Chipperfield en Anchorage, Gigon Guyer en Lucerna, Sauerbruch Hutton en Múnich o Delugan Meissl en Stuttgart; asimismo la estación de Santiago Calatrava en Lieja; el paseo marítimo de Carlos Ferrater en Benidorm; la biblioteca y el estadio de Toyo Ito en Hachioji y Kaohsiung; o el insólito espacio universitario hipóstilo de Junya Ishigami en Kanagawa. En el ámbito de los concursos, no pueden dejar de mencionarse los éxitos de David Adjaye en el Museo de Historia Afroamericana en Washington; de Steven Holl en la ampliación de la Glasgow School of Art; de Christian Kerez en la sede suiza de Holcim; de Nieto Sobejano en el Centro de Artes Visuales en Madrid; de Carme Pinós y Guillermo Vázquez Consuegra en los CaixaForum de Zaragoza y Sevilla; de Esteve Bonell en el Parlamento de Lausana; y de Juan Herreros en el Museo Munch de Oslo, al lado de la recién premiada ópera.

Pero el año deja también una triste estela de pérdidas: arquitectos como el checo Jan Kaplický, fundador del estudio Future Systems; el noruego Sverre Fehn, premio Pritzker en 1997 por una obra escasa y exquisita; el canadiense Arthur Erickson, que modeló Vancouver con sus construcciones musculosas; el francés neocorbusierano Michel Kagan; o los norteamericanos Charles Gwathmey, uno de los míticos New York Five, y Malcolm Wells, pionero de la arquitectura ecológica; fotógrafos como Julius Shulman, que creó el mito de la Costa Oeste americana; y editores como Monica Pidgeon, que dirigió la mejor época de *AD.* Además de nuestros propios Luis Peña Ganchegui, el donostiarra que nos dejó con Chillida el *Peine del viento;* Alfonso Milá, miembro de la saga catalana que combinó la arquitectura con el interiorismo; Javier Lahuerta, maestro del cálculo de estructuras; y el llorado Juan Antonio Ramírez, el historiador del arte y la arquitectura que desapareció prematuramente dejando una colosal herencia intelectual. Ahora que el frío ha llegado, con la recesión económica y la reacción ante los excesos pirotécnicos de la prosperidad ostentosa, el necesario debate crítico echará de menos voces como la suya.

2010
Días de penitencia

La Gran Recesión ha generado en Occidente una economía del miedo y una cultura de la contrición. Impulsada o impuesta por la crisis, una nueva austeridad impregna los presupuestos públicos y las preocupaciones privadas. El arrepentimiento por los excesos y el propósito de enmienda gobiernan el discurso político y la reflexión intelectual, abriendo el paso a un tiempo de penitencia y pentimento. En Europa, la crisis de la deuda soberana que provocó los rescates de Grecia e Irlanda forzó también a un viraje en España, donde se impulsaron reformas económicas y recortes sociales que vertieron aceite sobre el agua agitada de los mercados, pero no alteraron las cifras del paro o el desprestigio creciente de las élites. Ante el desánimo de la ciudadanía y el marasmo inmobiliario, los arquitectos intentaron aprovechar la crisis para una cura de adelgazamiento material y una cura de depuración espiritual, regresando a los principios básicos de una disciplina que siempre se ha propuesto hacer más por menos, suministrando bienestar y belleza con medios técnicos y económicos limitados.

Pero el clima penitencial y atribulado de una Europa cada vez con menor peso e influencia internacional o de unos Estados Unidos que ven su liderazgo militar y político amenazado por sus disfunciones institucionales y económicas no se dio en el resto del mundo. China, que sustituyó a Japón como segunda potencia del planeta, celebró su auge con la apertura en Shanghái de la mayor expo de la historia, donde por cierto brillaron las púas del pabellón británico (Thomas Heatherwick) y los mimbres del español (Benedetta Tagliabue). Brasil, donde Dilma Rousseff reemplazó a Lula en la presidencia, avanzó en la preparación del Mundial de Fútbol de 2014 y los Juegos Olímpicos de 2016 en Río, mientras a través del centenario Oscar Niemeyer exportaba arquitecturas emblemáticas a ciudades como Avilés, donde se inauguró un centro que representa la voluntad de regeneración de una región deprimida. Sudáfrica, cuya transición política hizo de Nelson Mandela un icono global, mostró su vigor económico organizando el primer Mundial que se realiza en ese continente, con la victoria de una selección española que dio a su país una de las pocas alegrías del año. Y el Golfo, impulsado por las rentas petroleras, obtuvo para Catar la sede de un Mundial en 2022 que implicará la construcción de un apretado conjunto de grandes estadios que se suman a las obras culturales y museos de autor proyectados en la zona por Norman Foster, Jean Nouvel, Rem Koolhaas, Herzog & de Meuron, Zaha Hadid y un largo etcétera.

Frente al ascenso de Occidente —analizado en un libro clásico, *The Rise of the West*— asistimos hoy a lo que se ha denominado 'the rise of the rest', el ascenso de todos los demás, y esta mutación histórica se expresa también en el diferente talante arquitectónico en las economías maduras y las emergentes. Mientras Europa y Estados Unidos predican la austeridad y admiran experiencias como las de Alejandro Aravena en Chile o las de Diébédo Francis Kéré en Burkina Faso, realizadas en contextos de escasez, una actitud de la que pueden dar testimonio el congreso internacional realizado en Pamplona bajo el lema 'Más por menos' —el mismo que puso en circulación Buckminster Fuller, objeto de una muestra monográfica en Madrid— o la exposición organizada por el MoMA neoyorquino con el título 'Pequeña escala, grandes cambios', Asia y el Golfo continúan siendo escenarios de un proceso de creación urbana y promoción arquitectónica sin límites en la escala y sin precedentes en el tiempo. Algo parecido cabría señalar en el terreno de la sostenibilidad, promovida a ambos lados del Atlántico con iniciativas pedagógicas y publicitarias como el Solar Decathlon —iniciado en Washington y celebrado a partir de 2010 en años alternos en Madrid, bajo los auspicios del Departamento de Energía de Estados Unidos y el Gobierno español—, y entendida en Asia como un nuevo sector económico de fabricación de paneles y colectores solares en el que China aspira al liderazgo, o bien minusvalorada en un Golfo que puede simultáneamente acoger experimentos de urbanismo ecológico como la ciudad Masdar de Foster en Abu Dabi y encargar al mismo arquitecto un estadio con aire acondicionado para jugar la final del Mundial de Catar.

Este pequeño y extraordinariamente rico país del Golfo, que por cierto batió récord de patrocinios deportivos con su adquisición millonaria de los derechos sobre la camiseta del Barça, fue también testigo del mayor éxito internacional de la arquitectura española en el año, la concesión del prestigioso Premio Aga Khan al Museo de Medina Azahara de Fuensanta Nieto y Enrique Sobejano, que recibieron el galardón en una ceremonia celebrada en Doha. El Pritzker recayó en los japoneses Kazuyo Sejima y Ryue Nishizawa, a los que se entregó el premio en la neoyorquina Ellis Island, mientras en Europa inauguraban el oníricamente alabado Centro Rolex en Lausana, y Sejima abría como comisaria una delicada y artística Bienal de Arquitectura de Venecia que premió a Koolhaas con el León de Oro y en la que jóvenes españoles como Antón García-Abril, Andrés Jaque, Selgascano o amid.cero9 tuvieron una presencia destacada. Este capítulo de premios debe también mencionar a Toyo Ito por el Imperiale, a Ieoh Ming Pei por el oro del RIBA, a Peter

Eisenman y David Chipperfield por el Wolf, a Kéré por el Swiss Award, a Manuel Gallego por el oro español y a Lluís Clotet por el Nacional de Arquitectura, sin olvidar a Rafael Manzano, primer español en recibir el conservador Driehaus, el mismo año en que el papa inauguró en Barcelona la basílica de la Sagrada Familia, una obra del ya beato Gaudí cuya finalización despierta una polémica que dura ya décadas.

En el ámbito internacional se completaron obras tan notorias como la magistral VitraHaus de Herzog & de Meuron en Weil am Rhein o el insólito garaje de los mismos arquitectos en Miami, una obra de europeos en Estados Unidos lo mismo que el museo de Renzo Piano en Los Ángeles, los laboratorios de Rafael Moneo para la Universidad de Columbia, y los edificios de Foster o Nouvel en la misma Nueva York, donde también inauguraron obras los norteamericanos Frank Gehry, Thom Mayne, Steven Holl o Diller Scofidio, que firmaron con Renfro y James Corner el primer tramo de la encomiable High Line, una intervención paisajística en el corazón de la metrópoli. Con acogida crítica dividida, el japonés Shigeru Ban terminó el Pompidou de Metz, y la angloiraquí Zaha Hadid, la Ópera de Cantón; más unánime fue la recepción del conjunto de realizaciones que están transformando el entorno social de ciudades colombianas como Medellín y Bogotá, cuyos exalcaldes, por cierto, compitieron en tándem —sin éxito— por la presidencia del país, en un año marcado festivamente en América Latina por la celebración del bicentenario de la independencia en varios países y ominosamente por el trágico terremoto de Haití, que dejó tras de sí centenares de miles de víctimas y una devastación inimaginable, muy superior a la sufrida en Chile tras otro sismo, de intensidad superior en la escala de Richter, seguido por un tsunami. Más cerca de nosotros, se inauguraron parcialmente grandes obras como la Ciudad de la Cultura de Eisenman en Santiago, la ampliación por Moneo de la estación de Atocha —de la que parte la alta velocidad que ya comunica Madrid con Valencia— o el Museo de la Evolución Humana de Navarro Baldeweg en Burgos, y se completaron edificios como las bodegas Faustino de Foster en Ribera del Duero, el hotel-restaurante Atrio de Mansilla y Tuñón en Cáceres, el teatro de Enrique Krahe en Zafra, las viviendas de Coll y Leclerc en Pardiñas, el museo de Sancho Madridejos en Alicante, el puente peatonal de RCR en Ripoll o la renovación de la barcelonesa Fundación Tàpies por Ábalos+Sentkiewicz.

El año, por último, obligó a lamentar las desapariciones de arquitectos tan significativos como Raimund Abraham, Bruce Graham y Günter Behnisch, del teórico William Mitchell, el coleccionista y patrón Ernst Beyeler o el matemático Benoît Mandelbrot, cuyos fractales fueron tan influyentes en el campo del diseño; y en España, las de los veteranos José Antonio Corrales, Joaquín Vaquero Turcios y José Luis Picardo, y las tristemente prematuras de Bet Figueras, Carlos Asensio y Sigfrido Martín Begué. Al hacer balance, es posible que lo más significativo del ejercicio no haya estado tanto en el terreno material de los movimientos demográficos, los flujos productivos o la construcción urbana, sino en la arquitectura inmaterial de las redes sociales. A la hora de elegir la persona del año, la revista *Time* dudó entre Julian Assange o Mark Zuckerberg; los lectores eligieron al impulsor de WikiLeaks, que con sus filtraciones de documentos diplomáticos ha creado terremotos geopolíticos, pero los redactores se decidieron al fin por el creador de Facebook, ejemplo paradigmático de unas redes sociales que están transformando nuestro mundo comunicativo y simbólico, pero también a la larga modificando irreversiblemente nuestro entorno físico.

2011
El precipicio y la protesta

Los protagonistas de 2011 han sido un abismo y un clamor: el abismo en que amenazan con precipitarse las economías europeas, golpeadas por la crisis de la deuda y la moneda común, en una caída que tendría repercusiones en Estados Unidos e incluso en los pujantes países emergentes; y el clamor de protesta contra las élites políticas y financieras, que incendió el mundo árabe, tuvo en el 15-M español el episodio más notorio de la Europa meridional y alcanzó Estados Unidos con la denuncia popular de Wall Street. Ambos rasgos, precipicio y protesta, están además íntimamente vinculados, porque es el vértigo del abismo el que hace aceptar a las poblaciones sacrificios inéditos, y la frustración con la esterilidad de esas medidas para reanimar la economía lo que alimenta la indignación con el *statu quo*.

En nuestro continente, las urgencias de la crisis financiera —que han propiciado la sustitución de políticos por tecnócratas en algunos de los países más afectados, y muy singularmente en Grecia y en Italia— han puesto en segundo plano las otras crisis del planeta: la climática, que continúa agravándose, con cumbres como la de Durban manifestándose incapaces de tomar decisiones relevantes; la energética, que ha seguido acentuándose tras los daños ocasionados por el tsunami de marzo en la central nuclear de Fukushima, un dramático accidente que ha puesto en cuestión esta fuente de energía en Japón y en el mundo; y la geopolítica, que se ha hecho aún más enrevesada con la retirada estadounidense de Irak, los fracasos en la contención de Irán y la convulsa incertidumbre de la Primavera Árabe, una mudanza histórica que resuena con la muerte violenta de dos enemigos públicos de Occidente, Osama bin Laden y Muamar el Gadafi, y con la concentración de los efectivos militares de la superpotencia en el teatro del Pacífico, como corresponde al nuevo escenario creado por el ascenso impetuoso de China, un país cuyo impulso decidido apenas deja espacio a la disidencia, según pudo comprobarse con la *cause célèbre* de Ai Weiwei, el artista y arquitecto que fue destacado este año como el personaje más influyente del mundo del arte, mientras sufría la detención y el hostigamiento de las autoridades chinas.

Ya en España, el declive industrial y el desplome inmobiliario, unidos a la contracción del gasto público, han llevado a cotas de paro que alcanzan casi el 50% entre los jóvenes, a una inversión de los flujos demográficos hacia la emigración, y a una decepción con el Gobierno que condujo a victorias abrumadoras de la oposición conservadora en las elecciones municipales y autonómicas de mayo, así como en las generales de noviembre. La explosión de la burbuja inmobiliaria, unida a la crisis fiscal de todas las administraciones —central, autonómica y local— ha tenido un efecto devastador sobre la arquitectura: el mercado de suelo prácticamente ha desaparecido, la construcción de viviendas se ha desplomado a la décima parte de las iniciadas hace un lustro, y la promoción pública de edificios dotacionales se ha paralizado. El dato de la vivienda es singularmente revelador: en 2006 se iniciaron 865.000, en 2011 apenas 83.000. Más de la mitad de los estudios de arquitectura de Madrid y Barcelona han cerrado, una profesión que no conocía el desempleo tiene hoy un paro estimado de un 45%, y los arquitectos jóvenes emigran masivamente al norte de Europa o al sur de América, a China o al Golfo.

El invierno económico ha congelado también la construcción o las actividades de grandes complejos como la Ciudad de la Cultura de Galicia en Santiago de Compostela o el Centro Niemeyer en Avilés, ha puesto de manifiesto la desmesura de otros que permanecen casi ayunos de rentabilidad económica o social, como el estadio olímpico de Sevilla, el Centro de Creación de las Artes en Alcorcón o la Terra Mítica de Benidorm, y ha hecho aflorar escándalos de corrupción vinculados a grandes obras en Mallorca y Valencia, donde Santiago Calatrava ha debido comparecer ante los jueces, un difícil trance acaso compensado por su nombramiento como asesor cultural del Vaticano. Este paisaje desolador ha propiciado la crítica de los arquitectos-estrella y las obras emblemáticas —aunque no ha impedido a la Fundación Botín encargar a Renzo Piano un centro de arte icónico para Santander—, y ha estimulado también una nueva cultura arquitectónica de la eficacia material y la exigencia productiva, presente en el trabajo de constructores-fabricantes como Jean Prouvé, que se expuso en Madrid como una inspiración para el tiempo que viene.

A caballo entre lo viejo y lo nuevo estuvieron muchas de las noticias positivas de un año ominoso que vio sin embargo completarse Madrid Río, una obra paisajística ejemplar ejecutada por un equipo dirigido por Ginés Garrido; el polémico Metropol Parasol de Jürgen Mayer en Sevilla y el innovador Matadero de Madrid (una adaptación para usos culturales realizada por un grupo de jóvenes arquitectos, entre los cuales Arturo Franco, Churtichaga Quadra-Salcedo, Langarita Navarro, Carnicero, Vila y Vírseda o Antón García-Abril), dos ejemplos opuestos de intervención en entornos patrimoniales; o el Museo de Lugo y el ayuntamiento de Lalín, dos edificios públicos en la Galicia interior que se sumaron a otros logros de sus autores respectivos —Nieto Sobejano, y Mansilla y Tuñón— en el terreno del diálogo con la historia: la inauguración de la ampliación del Museo de San Telmo en San Sebastián y la obtención del Premio FAD por el hotel-restaurante Atrio en el casco antiguo de

Cáceres. Y ningún ejemplo mejor de ese diálogo que el Museo de Arte Romano de Rafael Moneo, que celebró sus 25 años mientras en la misma Mérida se terminaban dos obras de arquitectos emergentes que señalan caminos muy divergentes entre sí: el laconismo material del entorno del templo de Diana, de José María Sánchez García, y la policromía en policarbonato de la Factoría Joven, de Selgascano, una pareja que culminó también su celebrado Auditorio y Palacio de Congresos El Batel, en Cartagena.

En la escena internacional fue el año de los maestros portugueses, Álvaro Siza, que obtuvo la Medalla de Oro de la UIA, y Eduardo Souto de Moura, que fue galardonado con el Pritzker y completó en Hospitalet un monumental bodegón de edificios; del británico David Chipperfield, que recibió la Medalla de Oro del RIBA, terminó su rotunda Hepworth Gallery en Wakefield, y consiguió el Premio Mies por su admirable Neues Museum berlinés, una obra que reformula los criterios de reconstrucción de edificios históricos; y tristemente también del mexicano Ricardo Legorreta, que obtuvo el Praemium Imperiale poco antes de fallecer el penúltimo día del año, dejando el recuerdo de su obra colorista y cerrando un desfile de las pérdidas en el que también deben mencionarse los españoles Antonio Miró y Eleuterio Población, el húngaro Imre Makovecz, el estadounidense Ralph Lerner y el argentino Mario Roberto Álvarez. Pero la desaparición más sonora fue la de Steve Jobs, un genio del diseño y de la empresa que nos lega los productos de Apple y el proyecto para la nueva sede de la compañía en California, un colosal anillo futurista, liviano como una estación espacial y salido del lápiz de Norman Foster, el mismo arquitecto que inauguró ese año la terminal de Virgin para vuelos espaciales privados.

Más cerca de la tierra, Zaha Hadid obtuvo por segundo año consecutivo el Premio Stirling, en esta ocasión por la

Evelyn Grace Academy, una escuela londinense que se enreda alrededor de una pista de atletismo; Enric Ruiz-Geli consiguió el premio Building of the Year con su Media-TIC, y proyectó una nueva sede para los experimentos gastronómicos de Ferrán Adrià, tras el anunciado cierre de El Bulli; y los jóvenes de Zigzag alcanzaron el Premio de Arquitectura Española con una conjunto de vivienda en Mieres, en un año en que Lacaton & Vassal completaron por fin su modélica rehabilitación de una torre residencial, que abre nuevas perspectivas en la regeneración urbana. Fogonazos todos de esperanza en un tiempo atribulado, esmaltado por cierto con proyectos de dimensión espiritual, como el museo vacío de Ryue Nishizawa con la artista Rei Naito en la isla de Teshima, la luminosa iglesia de Rafael Moneo en San Sebastián, y las celdas exactas para monjas clarisas construidas por Renzo Piano en la ladera de Ronchamp: recintos de reflexión en un año jalonado por un centón de precipicios económicos y protestas ecuménicas.

2012
Naciones en naufragio

En *Why Nations Fail,* el economista del MIT Daron Ace-
moglu y el politólogo de Harvard James Robinson exploran
los orígenes del poder, la prosperidad y la pobreza, y llegan
a una deprimente conclusión: las naciones naufragan o sa-
len adelante en función de sus instituciones, porque son estas las que permiten o impiden a las élites poner el país a su
exclusivo servicio. Al entrar en el quinto año de una crisis
que ha sido sucesivamente financiera, económica, fiscal-
monetaria y social, el foco ha pasado a las instituciones,
crecientemente erosionadas por la percepción de que sirven
solo al mantenimiento de los privilegios de las élites. En
España, este desprestigio ha afectado a partidos políticos,
Parlamento, Gobierno y tribunales de justicia, pero también a sindicatos y patronal, bancos o grandes empresas, y
se ha extendido a los medios de comunicación, la Iglesia
o la propia monarquía. La crisis es ya institucional, y tanto el crecimiento de las desigualdades, la marginación y el
paro como el adelgazamiento de las clases medias ponen en
cuestión los actuales mecanismos de representación demo-
crática. Si a estos factores se añade el escándalo interminable de la corrupción o las intratables tensiones secesionistas
en Cataluña y el País Vasco, puede entenderse que España
sea hoy una nación atribulada.

No es la única en el mundo, y nuestra situación es en-
vidiable si la comparamos con la de Siria desgarrada por
una guerra civil o la de Mali amenazada por Al Qaeda del
Magreb, dos extremos de un arco de crisis islámico que ha
tenido en el Egipto de Morsi su campo de Agramante político; o incluso con otros países del sur europeo, de Portugal

a Grecia, que sufren con violencia la fractura social y económica de Europa. Todavía tenemos más seguridad jurídica que la Venezuela de Chávez o la Rusia de Putin, en un globo turbulento difícilmente gobernado por las dos superpotencias, Estados Unidos —donde Obama fue reelegido en una atmósfera de aguda división ideológica— y China, que vio el ascenso de Xi Jinping a la sucesión de Hu Jintao. Por lo demás, el año tuvo su cuota habitual de catástrofes naturales, seguramente acentuadas por el cambio climático, y el huracán Sandy —que puso a la ciudad de Nueva York en una situación crítica— mereció más atención que ninguna otra; de logros científicos, encabezados sin duda por la detección del bosón de Higgs en el CERN ginebrino y por la llegada a Marte de la sonda Curiosity; y de eventos deportivos, desde los Juegos Olímpicos de Londres que consagraron a Michael Phelps y a Usain Bolt como los más laureados de la historia hasta el europeo ganado por la selección española de fútbol, que se convirtió así en la primera que obtiene tres títulos consecutivos, ofreciendo autoestima a un país en horas bajas.

El clima de desaliento en España se acentúa en el ámbito de la arquitectura, golpeada a la vez por el desplome de la promoción privada (en 2012 se iniciaron 45.000 viviendas, lo que supone una caída del 95 % respecto a 2006 y 2007, en pleno *boom* inmobiliario) y el desvanecimiento de la promoción pública, que ha sufrido la aplicación de los planes de austeridad al capítulo de inversión. Sin oportunidades de trabajo ni esperanzas de recuperación, los arquitectos mayores dejan la profesión, los más jóvenes dejan el país, y los de mediana edad —atrapados por hijos o hipotecas— dejan la clase media. Los más afortunados son los que tienen encargos fuera, una circunstancia que este año permitió celebrar la terminación de obras como la remodelación del Rijksmuseum por Cruz y Ortiz, los zocos de Beirut por Rafael Moneo, el renovado Joanneum de Graz por Nieto Sobejano, el nuevo acceso a la Galería Nacional de Praga por Josep Lluís Mateo, la residencia de estudiantes en la noruega Trondheim por Elvira, Murado y Krahe, el centro cultural en la francesa Chauffailles por Calderón, Folch y Sarsanedas o los dos edificios en Bélgica de Carlos Arroyo, la academia y auditorio de Dilbeek y el ayuntamiento y centro cívico de Oostkamp.

En todo caso, en la Península han seguido completándose proyectos iniciados en momentos más optimistas, como la estación intermodal en Logroño de Ábalos+Sentkiewicz, la Filmoteca Española de Víctor López Cotelo, el Centro de Creación Contemporánea en Córdoba de Nieto Sobejano y el Consejo Consultivo de Zamora de Alberto Campo y otros; los palacios de congresos de Toledo y Sevilla, obras respectivas de Rafael Moneo y Guillermo Vázquez Consuegra; o la transformación por Gonzalo Moure de las Escuelas Pías madrileñas en Colegio de Arquitectos, y de la prisión de Palencia en centro cultural, llevada a cabo por Exit Architects, en un contexto en el que la rehabilitación adquiere una importancia creciente, como atestiguan los diferentes proyectos de Matadero Madrid, distinguidos con el Premio FAD, la Serrería Belga de Langarita Navarro o el hipódromo de la Zarzuela —con las magistrales marquesinas de hormigón de Eduardo Torroja—, restaurado minuciosamente por Jerónimo Junquera. Un año pues en el que no han faltado los éxitos, y donde los premios han celebrado la carrera de tres maestros: Javier Carvajal, que recibió una largamente merecida Medalla de Oro; Juan Navarro, homenajeado en Cádiz (que recordó el segundo centenario de la primera Constitución española) por la Bienal Iberoamericana; y Rafael Moneo, distinguido en la fecha de su 75 cumpleaños con el prestigioso Premio Príncipe de Asturias de las Artes.

Fuera de España, el año vio la culminación del escueto Museo Parrish, construido por Herzog & de Meuron al norte de Nueva York, un refinado galpón que renunció al inicial proyecto fragmentado al reducirse el presupuesto a la cuarta parte; de la inmaterial sede del Museo del Louvre, levantada por SANAA en Lens, una zona deprimida de minería del carbón en el norte de Francia; las salas de arte islámico en la sede central parisina del mismo museo, alojadas por Rudy Ricciotti bajo una delicada alfombra voladora que cubre uno de los patios, felizmente menos polémica de lo que fue la cristalina pirámide de Pei; el velódromo diseñado por Hopkins Architects para los Juegos Olímpicos de Londres, la mejor herencia del evento junto al escultórico centro acuático de Zaha Hadid; el colosal Shard de Renzo Piano en la misma ciudad, un rascacielos que ha batido el récord de altura en la Unión Europea; el memorial de las brujas en la noruega isla de Vardø, una lírica construcción concebida por Peter Zumthor y la artista Louise Bourgeois; o la rehabilitación para viviendas del convento de las Bernardas de Tavira, una obra ejemplar de Eduardo Souto de Moura. El portugués fue el anterior ganador de un Premio Pritzker que este año correspondió al chino Wang Shu, mientras Henning Larsen recibía el Imperiale, Michael Graves el Driehaus, Herman Hertzberger la Medalla de Oro del RIBA, Steven Holl la del AIA, Studio Mumbai el BSI Swiss Award y Álvaro Siza el León de Oro de una Bienal de Venecia dirigida por David Chipperfield, en cuyo marco se presentó también una instalación —'Spain mon amour'— que quiso dar cuenta de la crisis hispana.

La crisis fue también el telón de fondo del congreso convocado en Pamplona por la Fundación Arquitectura y Sociedad bajo el lema 'Lo común', que propuso poner énfasis en lo colectivo y lo corriente, todo aquello que compartimos, para enfrentarse a una situación que no reclama solo austeridad, sino también solidaridad. Al cabo, son los vínculos comunitarios los que han de rescatarnos en el naufragio de las naciones, y también los únicos que pueden ofrecer consuelo cuando el capítulo de pérdidas no afecta a trayectorias cumplidas como las del centenario maestro brasileño Oscar Niemeyer, el británico Alan Colquhoun, el alemán Ludwig Leo, el austríaco Günther Domenig, la italiana Gae Aulenti, el estadounidense Lebbeus Woods, el argentino Jorge Glusberg o los catalanes Joan Bassegoda y Manuel de Solà-Morales, sino que interrumpe las de amigos o colegas en la flor de su edad, como ocurrió este año sombrío en los casos de José María Rodríguez Pastrana, Darío Gazapo o Luis Moreno Mansilla, desaparecidos todos cuando más cabía esperar de su talento. Que la tierra les sea leve, a ellos y a nosotros.

El optimismo de la voluntad

La última década del siglo XX se presentó con sabor agridulce, a tono con los vaivenes económicos y emocionales del emblemático 92, pero a partir del año 2000 los balances han sido uniformemente sombríos. Tras una larga retahíla de textos teñidos por el gramsciano 'pesimismo de la inteligencia', quizá ha llegado la hora de tejer el relato con algunas hebras de 'optimismo de la voluntad'. El año 2013 ha sido prolijo en conflictos tan atroces como la guerra civil en Siria, y en catástrofes tan trágicas como el tifón Haiyan en Filipinas, pero también se presta a una crónica en clave esperanzada.

La creciente autonomía energética que el *fracking* otorga a Estados Unidos ha debilitado sus vínculos con Arabia Saudí, facilitando el acuerdo sobre el programa nuclear de Irán y abriendo mejores perspectivas en el avispero de Oriente Medio, estímulo último en el avance de un fundamentalismo islámico que Francia frenó militarmente en el Magreb con su decisiva intervención en Mali. Las revueltas populares en Estambul, São Paulo, El Cairo o Kiev hicieron oír demandas sociales o políticas a unas élites incapaces de repartir mejor los frutos de la prosperidad emergente, y enredadas en unas tramas de espionaje mutuo y de sus poblaciones que —en la estela de WikiLeaks— las revelaciones de Edward Snowden contribuyeron a cartografiar, mostrando la importancia de las masas ingentes de datos que manejan las grandes empresas informáticas: el *big data* está aquí para quedarse.

En el terreno de los nombres propios, la insólita abdicación de un papa dio la tiara a un jesuita latinoamericano comprometido con causas sociales, y la aparición en la escena del papa Francisco es tan bienvenida como la desaparición de la misma de Berlusconi, que coincidió en el tiempo con la reelección de la todopoderosa Merkel. Y en España, los escándalos que han deteriorado el prestigio de las instituciones, las cada vez más ásperas tensiones secesionistas y sucesos como el trágico accidente del AVE o el fracaso de la candidatura olímpica de Madrid se contraponen a los primeros signos de recuperación económica y al clamor vigoroso por la regeneración política, promovida por un cúmulo de movimientos y organizaciones.

Para la arquitectura, atenta siempre al rumor del mercado inmobiliario, el año español quedó marcado por el saneamiento del ladrillo en los balances de las instituciones de crédito a través de un 'banco malo', el retorno de la inversión internacional aprovechando la caída de los precios —la norteamericana Hyatt compró la barcelonesa Torre Agbar para transformarla en hotel, y el fondo soberano de Abu Dabi, la madrileña Torre Foster, que será ocupada por la petrolera Cepsa—, y la evaporación de las expectativas creadas por la apuesta olímpica y la instalación de un gran complejo de ocio, Eurovegas; todo ello en el contexto de un sector de la construcción todavía exánime y un cúmulo de publicidad negativa para la profesión, que hizo de Santiago Calatrava el chivo expiatorio de los años alocados de la burbuja. Pero la crisis ha tenido también el efecto de estimular la internacionalización de los estudios grandes y pequeños, promover la emigración cualificada de técnicos y profesores, y difundir en las nuevas generaciones un espíritu austero y solidario que es sin duda el fundamento sobre el que habrá de levantarse la recuperación. El rechazo del despilfarro que se asocia a la arquitectura emblemática es hoy muy vivo en España y fuera de ella, por más que ésta aún prospere en el Golfo, en las antiguas repúblicas soviéticas y en China, o que incluso Tokio haya elegido un escultórico estadio de Zaha Hadid como icono de sus Juegos en 2020.

Grandes obras culturales como la de la propia Hadid en Bakú, o la de Coop Himmelb(l)au en la ciudad china de Dalian pertenecen inevitablemente a la crónica del año, al igual que el complejo residencial de Steven Holl en otra ciudad china, Chengdu, o el colosal conjunto De Rotterdam de OMA, que simultáneamente completó la Bolsa de Shenzhen; pero también deben inscribirse en ella aeropuertos tan sobriamente tecnológicos como el de Fuksas en la misma ciudad china de Shenzhen o el de Foster en Amán; así como museos de sofisticada elegancia como el Pérez Art Museum de Herzog & de Meuron en Miami o el Mucem de Ricciotti en Marsella; inteligentemente insertos en lo existente como el de BIG en los muelles de Copenhague o el despojado Palais de Tokyo de Lacaton & Vassal en París; o bien tan ricos en referencias lacónicas a la arquitectura del siglo XX como el Jumex de Chipperfield en México o la ampliación del Menil en Fort Worth, ejecutado por Renzo Piano con admirable deferencia al emocionante museo de Louis Kahn. En España, por su parte, completaron obras notables los veteranos Manuel Gallego en Santiago de Compostela y Gerardo Ayala en Madrid, además de Rafael de La-Hoz en la misma ciudad, Paredes Pedrosa en Ceuta o RCR en Olot; pero ningún registro puede omitir ya los proyectos exteriores, y entre ellos deben al menos mencionarse los de Antón García-Abril en Ciudad de México y Eduardo Arroyo en Viena, dos obras singulares de arquitectos con vocación experimental.

En el capítulo de distinciones, muestras y efemérides, España celebró los centenarios coincidentes de Alejandro de la Sota, Miguel Fisac, José Antonio Coderch, Antonio Bonet y el todavía con nosotros Rafael Aburto; el mundo los de Georges Candilis, Konstantínos Doxiádis, Amancio

Williams, Mario Roberto Álvarez y Kenzo Tange; y los 50 años de la Philharmonie berlinesa o los 40 de la Ópera de Sídney coincidieron con los 20 transcurridos desde la terminación del Carré d'Art en Nîmes, que Foster señaló comisariando una gran exposición de arte que ocupó la totalidad del edificio. Renzo Piano fue nombrado senador vitalicio de Italia, y otros arquitectos recibieron los premios más codiciados: Toyo Ito el Pritzker, David Chipperfield el Imperiale, Peter Zumthor el oro del RIBA, y Thom Mayne el del AIA; mientras el Wolf recayó en Souto de Moura, el Tessenow en Campo Baeza y el conservador Driehaus en Thomas Beeby. Y otras tantas obras fueron distinguidas: el Harpa de Larsen y Eliasson en Reikiavik con el Mies, el Astley Castle de Witherford Watson Mann con el Stirling, el centro megalítico de Toni Gironès con el FAD, y el Rijksmuseum de Cruz y Ortiz con el Premio de Arquitectura Española Internacional, que se otorgó por primera vez, y cuya ceremonia se celebró en el Palacio del Senado bajo la presidencia del príncipe Felipe, que quiso así manifestar su apoyo a una profesión atribulada. Y ya por último, el año que vio desaparecer a Hugo Chávez, Margaret Thatcher y Nelson Mandela tuvo también que lamentar la muerte de arquitectos como Paolo Soleri, Clorindo Testa, Pedro Ramírez Vázquez, Javier Carvajal, Henning Larsen, fray Coello de Portugal o Christian de Groote, críticos como Ada Louise Huxtable, Roberto Segre o Ulrich Conrads, y fotógrafos como Baltazhar Korab o Yukio Futagawa, y no es retórico concluir asegurando que sobreviven en sus obras, sus escritos y sus imágenes.

2014
El vendaval que viene

Europa ha celebrado los aniversarios del principio y el final de un siglo corto (Eric Hobsbawm *dixit)* con sentimientos encontrados y ánimo indeciso. El centenario de la Gran Guerra ha propiciado monumentos conmemorativos, voluntad expiatoria y estudios históricos que subrayan la responsabilidad en la catástrofe de unas élites sonámbulas, acaso no diferentes de las actuales; por su parte, los 25 años de la caída del Muro de Berlín y el final de la Guerra Fría se han recordado con buenos propósitos y alegría retrospectiva, reconfortada por el deshielo entre Cuba y Estados Unidos, y empañada por el desigual reparto de los dividendos de la paz y la proliferación de conflictos en el glacis ruso, que han hallado en Ucrania el escenario más peligroso de todos.

Y ello en un contexto geopolítico donde las migraciones siguen amenazando las fortalezas de los países prósperos; donde las protestas populares han llegado al umbral del país más poblado del planeta; y donde la energía ha vuelto a jugar un papel preponderante, con la caída de los precios del crudo perjudicando tanto a los populismos autoritarios petroleros como a las renovables y al *fracking,* mientras Asia se afirma con líderes fuertes como Xi Jinping, Narendra Modi o Shinzo Abe, África muestra sus debilidades estructurales con la crisis del ébola, Oriente Medio se desangra con la persistente guerra de Siria y el ascenso cruel del Estado Islámico, y las Américas se concentran en sus problemas específicos prestando menos atención a los vínculos e intereses compartidos con el Viejo Continente.

En España, la tibia recuperación económica ha tenido escaso impacto en el clima de malestar creado por el paro persistente y la proliferación de los escándalos, que ha llevado a mínimos la confianza de la ciudadanía en las instituciones, y ha provocado la emergencia fulgurante de un nuevo movimiento político —Podemos— que pone en cuestión el régimen bipartidista surgido de la Transición y augura futuros sismos electorales. Ni siquiera el relevo generacional producido en la jefatura del Estado —donde la abdicación del rey Juan Carlos entregó la corona a su hijo Felipe VI—, en el principal partido de la oposición —donde Pedro Sánchez sustituyó a Alfredo Pérez Rubalcaba—, y en la cúpula de varios grandes bancos y empresas ha afectado significativamente al divorcio entre la opinión pública y unas élites políticas o económicas enrocadas en sus privilegios, dibujando un panorama de incertidumbre que las tenaces tensiones secesionistas de Cataluña no pueden sino acrecentar. Para los arquitectos, el retorno de la confianza y el crecimiento ha supuesto el inicio de un burbujeo prometedor en el ámbito inmobiliario y la confirmación del desembarco de la inversión internacional en el sector; pero la casi inexistente promoción pública sigue obligando a muchos de los mejores a buscar trabajo fuera del país.

El año de la sonda Rosetta en la ciencia y del cuarto centenario del Greco en la cultura tuvo a Rem Koolhaas como protagonista arquitectónico. Con una gran muestra dedicada a los 'elementos' de la arquitectura, la Bienal veneciana dirigida por el holandés llamó la atención sobre los fundamentos de la disciplina, huyendo del protagonismo de los autores y el lenguaje de las obras durante las últimas décadas, y expresando quizá una cierta fatiga con los edificios singulares. La exposición coincidió en el tiempo con un discurso del presidente chino censurando la arquitectura extravagante —de la que irónicamente puso como ejemplo la CCTV del propio Koolhaas—, y ambas manifestaciones atestiguan un cambio en el clima estético con el que estuvieron en sintonía la exposición 'The Architect is Present', donde Francis Kéré, TYIN, Solano Benítez, Anupama Kundoo y Anna Heringer mostraron a los jóvenes nuevos caminos, y el congreso 'Arquitectura necesaria', organizado en Pamplona por la Fundación Arquitectura y Sociedad, donde Álvaro Siza explicó hasta qué punto también necesitamos la belleza. Pero la mutación de la óptica crítica ha afectado significativamente a los arquitectos con una dimensión artística, y así Zaha Hadid ha sufrido severas censuras de sus obras para Soho en China, de su complejo cultural en Seúl o de sus proyectos sucesivos para el estadio de los Juegos Olímpicos de Tokio, y otro tanto ha sucedido con Steven Holl y su ampliación en Glasgow de la Escuela de Arte de Mackintosh (cuya biblioteca sería además devastada por un incendio este mismo año) o con Frank Gehry y sus dos últimas inauguraciones, la Fundación Louis Vuitton en París y el Museo de la Biodiversidad en Panamá, pese a los méritos estéticos de ambos.

Más plácido ha sido el año para Norman Foster, que renunció a situar su fundación en Madrid pero ganó el concurso para construir el nuevo aeropuerto de Ciudad de México con una propuesta visionaria que recupera sus colaboraciones primeras con Fuller; para Renzo Piano, que inauguró la biomórfica Fundación Pathé en París y la ejemplar remodelación de los museos de Harvard en Cambridge; para Herzog & de Meuron, que completaron su cuarto edificio para Ricola, un galpón exquisito levantado con grandes piezas de adobe, y un gimnasio bajo una colosal cubierta al borde de una favela brasileña; o para MVRDV, cuyo Markthal en Róterdam fusiona mercado, viviendas y plaza pública con sensibilidad pop y audacia figurativa. Y pese a las dificultades que atraviesa el país, algunos despachos españoles completaron obras destacadas en la Península: Nieto Sobejano el mercado de Barceló en Madrid, Francisco Mangado el

Museo de Bellas Artes de Oviedo, Carme Pinós el CaixaForum en Zaragoza, Rafael Moneo una torre en Barcelona; y el grupo formado por Pancorbo, De Villar, Chacón y Martín Robles, un topográfico palacio de congresos en Villanueva de la Serena. En contraste, Barozzi Veiga inauguraron en Polonia su obra más importante, el auditorio de la Filarmónica de Szczecin, y RCR hicieron lo propio en el sur de Francia, con el ascético y lírico Museo Soulages.

Y en el capítulo de premios, el Pritzker se otorgó a Shigeru Ban, el Imperiale a Steven Holl, el Príncipe de Asturias a Frank Gehry, el suizo BSI al español José María Sánchez García, y el vasco BIA —que se entregaba por primera vez— a Norman Foster. Por su parte, Phyllis Lambert recibió el León de Oro de la Bienal de Venecia, Ieoh Ming Pei la Medalla de Oro de la UIA, el historiador Joseph Rykwert la del RIBA, la mítica Julia Morgan la del AIA, los andaluces Cruz y Ortiz la del CSCAE, y el cántabro Juan Navarro Baldeweg —que también inauguró una antológica en Madrid— el Premio Nacional de Arquitectura; mientras los premios Stirling y FAD recaían, respectivamente, en el Everyman Theatre en Liverpool de Haworth Tompkins y en la ruta peatonal en Lisboa de João Pedro Falcão.

Para terminar, en el año que celebró los centenarios de José Luis Fernández del Amo, Denys Lasdun, Ralph Erskine y Lina Bo Bardi, nos dejaron la británica Kathryn Findlay, el austríaco Hans Hollein, el brasileño Lelé, el cubano Ricardo Porro, el portugués João Álvaro Rocha y el paisajista francés Michel Corajoud, lo mismo que los urbanistas Peter Hall y Bernardo Secchi, o que Tony Díaz y David Mackay, un argentino y un británico que desarrollaron sus carreras en España; y en esta lista deben tristemente figurar también el maestro Rafael Aburto y los arquitectos y profesores Manuel de las Casas y Albert Viaplana, que en Castilla y Cataluña han dejando obras y discípulos.

2015
Cambio de clima

El año más caluroso de la historia ha marcado un punto de inflexión en el clima político y social del planeta. Por un lado, más de doscientos países han acordado reducir sus emisiones de CO_2 ante el colosal desafío que para la humanidad supone el cambio climático; por otro, entre las poblaciones privilegiadas de América y Europa se ha incrementado un sentimiento defensivo que preconiza levantar muros frente a las convulsiones del mundo, que este año tuvieron su epicentro en un Oriente Medio devastado por pugnas geopolíticas y guerras de religión.

Si la cumbre del clima celebrada en París constató la necesidad urgente de una gobernanza global, los populismos nacionalistas —estimulados por la barbarie yihadista, que atentó dos veces en la misma ciudad de París, y por el impacto de las migraciones masivas— avanzan con figuras como Donald Trump en Estados Unidos o Marine Le Pen en Francia, y esta doble pulsión deja un sabor agridulce. Por su parte, una economía global más débil ha ralentizado la locomotora china, con un desplome bursátil que repercutió en el resto de los mercados del mundo; ha sacudido el panorama político de una América Latina muy afectada por la caída del precio de las materias primas, debilitando el arco populista bolivariano, de Argentina a Venezuela; y ha creado un escenario difícil para una Europa que no ha sabido abordar de forma colegiada la interminable crisis de Grecia, la amenaza trágica del yihadismo o el conmovedor éxodo de los refugiados sirios, y donde el sensato liderazgo de Merkel se ha visto empañado por el descrédito de la más emblemática empresa germana, Volkswagen.

En España, el denso año electoral (andaluzas en marzo, municipales y autonómicas en mayo, catalanas en septiembre y generales en diciembre) dio como resultado un paisaje político más fragmentado, con la incorporación de partidos nuevos, Podemos y Ciudadanos, con agendas reformistas ante el agotamiento del sistema institucional, socavado por la corrupción y la creciente desigualdad económica, y también una mayor inestabilidad e incertidumbre, agudizada por el desafío del soberanismo catalán al marco constitucional.

Para la arquitectura, el año del descubrimiento de agua en Marte o de la llegada de la sonda New Horizons a Plutón —dos logros de la NASA que han llevado a la humanidad hasta sus últimas fronteras— estuvo marcado en lo ominoso por la destrucción deliberada del patrimonio por el Estado Islámico en Irak o Siria, con la dramática voladura de los templos clásicos de Palmira; y en lo afortunado por la inauguración de importantes obras culturales en las dos superpotencias, Estados Unidos (el Museo Whitney de Renzo Piano en Nueva York, las Grace Farms de SANAA en Connecticut o el Museo Broad de Diller Scofidio+Renfro en Los Ángeles) y China (la ópera de MAD en Harbin, el Museo Long de Atelier Deshaus en Shanghái o el Museo de Artesanía de Kengo Kuma en Hangzhou).

Durante el verano la atención estuvo en la conmemoración del 50 aniversario de la muerte de Le Corbusier, que revisaría su trayectoria política durante la etapa de Vichy, y en la Expo de Milán, donde destacaron pabellones como el británico de Buttress y Simmonds, el chileno de Cristián Undurraga o el austríaco de breathe.austria, mientras el español de b720 eligió un perfil bajo, acaso en sintonía con un tiempo de austeridad. En la misma ciudad italiana se abrió con polémica el Museo delle Culture de David Chipperfield —que inauguró una muestra monográfica en el ICO madrileño—, y con satisfacción la Fondazione Prada de Rem Koolhaas, que completó al mismo tiempo con menor aplauso el Museo Garage en Moscú. También objeto de controversia fueron la inauguración de la Filarmónica de París, censurada por su propio autor, Jean Nouvel; y la adjudicación definitiva del estadio olímpico de Tokio a Kengo Kuma, con un proyecto que promete ser más barato que el rechazado de la ganadora del concurso, Zaha Hadid.

Aunque el nuevo clima de la arquitectura se oriente hacia lo artesanal y el activismo (desde el mítico artista y arquitecto chino Ai Weiwei, que inauguró exposición en Londres, los también chinos Wang Shu y Lu Wenyu o el vietnamita Vo Trong Nghia hasta el chileno Alejandro Aravena, nombrado director de la próxima Bienal de Arquitectura de Venecia, o los británicos de Assemble, galardonados con un inesperado Premio Turner), las grandes figuras continuaron ofreciendo trabajos singulares: Norman Foster, que cumplió 80 años, inauguró la imponente Casa de Gobierno de Buenos Aires para el después elegido presidente de Argentina Mauricio Macri, y la delicada bodega para Château Margaux en Burdeos, mientras desarrolla el visionario proyecto Drones for Africa; o Herzog & de Meuron, que inauguraron el edificio de su propio archivo en Basilea y completaron el nuevo estadio de Burdeos a la vez que se ocupaba su colosal sede para el BBVA en Madrid, apodada 'La Vela', un nuevo hito en el perfil de la ciudad.

En Madrid se terminaron también dos obras singulares, la innovadora Fundación Giner de los Ríos, diseñada por amid.cero9, y el colosal Museo de Colecciones Reales, proyectado en 2002 por Mansilla y Tuñón, y que se abrirá al público en 2016, pero la mayor parte de los logros de la arquitectura española se localizaron fuera del país: Fernando Menis inauguró el largamente esperado Auditorio de Toruń en Polonia; Selgascano, Andrés Jaque e Izaskun Chinchilla construyeron muy celebrados pabellones en Londres (Serpentine Gallery) y Nueva York (Cosmo para el PS1 del MoMA y Organic Growth para City of Dreams); González Hinz Zabala ganaron el concurso para el Museo de la Bauhaus en Dessau, y Entresitio, con MGP, el Museo Nacional de la Memoria en Bogotá; Barozzi Veiga obtuvieron el Premio Mies van der Rohe por su Filarmónica de Szczecin en Polonia; Burgos Garrido, Porras La Casta y Rubio Álvarez-Sala, con el West 8 de Adriaan Geuze, el Veronica Rudge Green Prize de Harvard por el proyecto urbano Madrid Río; y Nieto Sobejano recibieron en Helsinki la Medalla Alvar Aalto por el conjunto de su trayectoria.

En el capítulo de premios, deben inevitablemente destacarse el Pritzker, que recayó en el alemán Frei Otto poco antes de su fallecimiento; el Praemium Imperiale, que distinguió al francés Dominique Perrault; el oro del RIBA, que fue para los irlandeses O'Donnell+Tuomey; el del AIA, que se otorgó al veterano israelí-canadiense Moshe Safdie; y la Medalla del Consejo Superior de Colegios de Arquitectos de España, que se repartió entre dos escuelas de arquitectura, la ETSAM y la ETSAB, y dos fundaciones, Arquia y Arquitectura y Sociedad.

Y en el año en que esta revista celebró su 30 aniversario, y en el que se conmemoraron los centenarios de Josep Maria Sostres, João Batista Vilanova Artigas o los fotógrafos Ezra Stoller y Juan Pando, también debieron lamentarse las pérdidas del estadounidense Michael Graves, el británico James Gowan, el indio Charles Correa, la francesa Françoise-Hélène Jourda, el mexicano Carlos Mijares, el argentino Rafael Iglesia, el portugués-mozambiqueño Pancho Guedes o nuestros compatriotas Mario Muelas, Antonio Jiménez Torrecillas y José Miguel Iribas, sociólogo del turismo y colaborador inolvidado de esta publicación.

2016
El ascenso del populismo

El Brexit y Trump han marcado un año en el que las democracias liberales han perdido terreno frente al populismo y el autoritarismo. Las guerras y Estados fallidos de Oriente Medio y el Magreb se sumaron a la vigorosa demografía del África subsahariana para producir oleadas migratorias que exacerbaron la xenofobia en Europa, alimentando movimientos de proteccionismo que se vieron refrendados por cada nuevo acto de terrorismo islamista, desde Niza hasta Berlín. El principal teatro bélico fue el rompecabezas de Siria, donde el conflicto civil entre suníes y chiítas fue un episodio de la pugna regional entre Arabia Saudí e Irán, de los intereses nacionales de Israel y Turquía, y del pulso geopolítico entre unos Estados Unidos en trance de retirada y una Rusia crecientemente segura de sí misma, y donde el sitio de Alepo hizo de la ciudad un símbolo del sufrimiento. Mientras tanto, las dificultades de los países emergentes de América Latina y la ralentización del crecimiento en China hicieron disminuir la temperatura económica del ámbito Pacífico, pero no el riesgo asociado a su condición de escenario donde se dirime el forcejeo por la hegemonía entre las dos superpotencias.

En todo el planeta, la rebelión contra la desigualdad y las élites —de perfiles cada vez más confusos en la época de la posverdad generada por las redes sociales— coexiste con unos avances científicos y técnicos que modificarán nuestras sociedades más allá de lo que hoy podamos imaginar, justificando la adopción del término 'Antropoceno' para describir la actual época del período cuaternario, que está siendo testigo de la transformación de la corteza terrestre y del propio clima por la acción del hombre, la misma que a través de la biotecnología, la robótica y la inteligencia artificial puede llegar a poner en cuestión la naturaleza última de lo humano.

España, que por su condición europea comparte la preocupación por el futuro de la Unión —asediada por el ascenso del populismo que avivan las fracturas de la crisis, el descontento de los atropellados por la globalización y el impacto de la inmigración— vivió un año de incipiente bonanza económica e *impasse* político, con un Gobierno en funciones y unos partidos incapaces de llegar a acuerdos, mientras los numerosos casos de corrupción provocaban la desmoralización ciudadana, y las tensiones centrífugas se exacerbaban en Cataluña. Los diferentes procesos electorales mostraron una débil recuperación del Partido Popular —apoyado por la canciller alemana en la difícil defensa de la austeridad que se ha impuesto a los países deudores del sur del continente— y un hundimiento del PSOE, acosado por los populistas de Podemos, y que finalmente condujo a la dimisión de su secretario general.

En el terreno de la arquitectura, el propósito de enmienda suscitado por la crisis no ha impedido la culminación de importantes obras, pero ha llevado la construcción elemental a los grandes foros de exposición y debate. Así, los suizos Herzog & de Meuron han completado un año extraordinario, con la inauguración del nuevo edificio de la Tate en Londres y la terminación de la esperada y polémica Elbphilharmonie en Hamburgo, dos piezas emblemáticas que se suman a la exacta Fundación Feltrinelli en Milán, el exquisito edificio de Vitra, la delicada intervención en Colmar o el singular rascacielos residencial en Nueva York.

Como ellos, muchos otros europeos han llevado a término obras significativas en los Estados Unidos: los noruegos de Snøhetta, la ampliación del Museo de Arte

Moderno de San Francisco, impulsado por las fortunas tecnológicas de Silicon Valley; el británico David Adjaye, el Museo de Historia y Cultura Afroamericana en el Mall de Washington, inaugurado apropiadamente al término del mandato del primer presidente de color; el alternativamente admirado y denostado español Santiago Calatrava, el impresionante Oculus en la Zona Cero neoyorquina, que poco a poco sutura las heridas del 11-S; y el danés Bjarke Ingels, un innovador conjunto residencial que hibrida la manzana y la torre, y que constituye en Nueva York el reverso morfológico del metafísico y esbeltísimo rascacielos levantado por el argentino Rafael Viñoly.

En Europa, por su parte, se finalizaron proyectos tan destacados como la Fundación Niarchos en Atenas, un templo contemporáneo realizado por el italiano Renzo Piano que incorpora la Ópera y la Biblioteca nacionales; la rehabilitación en Venecia del histórico Fondaco dei Tedeschi, llevada a cabo por el holandés Rem Koolhaas para alojar un centro comercial; o la insólita construcción sobre un edificio patrimonial en el puerto de Amberes que ha sido obra póstuma de la angloiraquí Zaha Hadid. Edificios a los que deberían sumarse la atmosférica Nube de Fuksas en Roma, que comparte estética con el complejo de Coop Himmelb(l)au en Shenzhen, con la ópera de Toyo Ito en Taichung o con la sede europea en Bruselas de Philippe Samyn.

En contraste con esta abrumadora colección de iconos, el Premio Pritzker distinguió la trayectoria del chileno Alejandro Aravena, conocido sobre todo por sus proyectos de vivienda social, y que fue también director de una Bienal de Venecia centrada en el compromiso con lo necesario y el uso inventivo de las técnicas sencillas; un evento que reforzó su mensaje con el transformador Droneport de Norman Foster, y con la concesión de los Leones de Oro al brasileño Paulo Mendes da Rocha por su trayectoria ejemplar, al paraguayo Solano Benítez por su innovadora construcción estructural, y al pabellón de España como reconocimiento de los méritos de una arquitectura que no ha renunciado a la calidad en el contexto de austeridad impuesto por la crisis.

También en España se celebró el IV Congreso Internacional de la Fundación Arquitectura y Sociedad, inspirado por los mismos propósitos, y que desde su primera edición en 2010 ha llevado a Pamplona a diez premios Pritzker para dialogar con arquitectos alternativos como Francis Kéré, Anna Heringer o los propios Benítez y Aravena sobre el necesario cambio de clima en la profesión, un objetivo que en esta ocasión reunió a figuras como Koolhaas, De Meuron, Vassal, Maas o Ingels, que en este ejercicio fue también responsable del siempre mediático pabellón de la Serpentine Gallery. Pero el evento del año en España fue sin duda el concurso de ampliación del Museo del Prado, en el que intervinieron, entre otros, Souto de Moura, Chipperfield o Koolhaas, y que finalmente fue adjudicado a Norman Foster, asociado para la ocasión con el madrileño Carlos Rubio.

El concurso internacional más importante y concurrido fue sin embargo el del Museo del Siglo XX en el Kulturforum berlinés, ganado por Herzog & de Meuron con un colosal galpón de ladrillo que reúne admirablemente lo elemental y lo icónico, y que culmina su singular *annus mirabilis.* En el capítulo de premios no pueden dejar de reseñarse el Imperiale de Mendes da Rocha (que se sumó al León de Oro veneciano y al de la Bienal Iberoamericana) o la Medalla de Oro del RIBA de Hadid, que en el año de su triste y prematura desaparición recibió también uno de los Premios Aga Khan, cuya promoción del pluralismo culminó en esta edición con los galardones concedidos al Superkilen de Copenhague o a dos proyectos de construcción elemental y sensibilidad social en Bangladés, una mezquita que prescinde del minarete y un centro que se funde con el paisaje. Ya en el ámbito español, el Premio Nacional de Arquitectura se concedió a Rafael Moneo, el Nacional de Restauración a Antonio Almagro, y la Medalla de Oro del CSCAE conjuntamente a Víctor López Cotelo y Guillermo Vázquez Consuegra.

Y en el colofón siempre melancólico de pérdidas, a la mencionada Zaha Hadid deben añadirse el mexicano Teodoro González de León, el francés Claude Parent, el británico Peter Blundell Jones o el joven portugués Diogo Seixas Lopes, además de los españoles Joaquín Casariego, Vicente Patón, Luis Miquel o Fernando Redón, pertenecientes a diferentes generaciones pero unidos por el empeño en intervenir en el mundo a través de la arquitectura, una profesión de optimismo que se enfrenta al vendaval populista que azota nuestras sociedades sin otras armas que la defensa del rigor y la excelencia.

2017
Territorios del riesgo

En un mundo líquido, la seguridad se disuelve. Zygmunt Bauman, que murió a principios de año, teorizó la modernidad distópica que hoy exhibe el planeta. Cuando las estructuras sólidas se transforman en flujos imprevisibles, la sociedad del riesgo que describió hace tres décadas su colega Ulrich Beck deviene la norma, y nadie puede sentirse a salvo de las catástrofes materiales o las convulsiones geopolíticas. De los riesgos climáticos o tecnológicos a los bélicos o terroristas, las sociedades contemporáneas se asientan sobre territorios precarios donde lo único seguro es el cambio.

Más allá de los conflictos de Afganistán, Irán o Siria, y más allá también del terrorismo islamista cotidiano, el pulso nuclear de Corea del Norte nos ha acercado al borde del abismo; y más acá de las catastróficas inundaciones o incendios, las pugnas económicas, políticas y simbólicas en el ciberespacio han abierto un continente nuevo de inestabilidad y riesgo. De la supuesta intervención rusa en las campañas estadounidenses, el Brexit o las catalanas a la supervisión digital universal o la burbuja de las monedas virtuales, el mundo comienza a parecerse a *Black Mirror*. En este contexto donde proliferan cisnes negros, el año contempló la aparición de las 'Silence Breakers' en Estados Unidos, vio consolidarse a Xi Jinping en China y a Putin en Rusia, dio esperanzas a Europa con la elección de Macron en Francia, y trajo tribulaciones a España con el atentado de Barcelona y la eclosión desafiante del secesionismo catalán.

Enmadejados por las redes, y bajo el diluvio exponencial de los datos, seguimos siendo cuerpos físicos que habitan en construcciones materiales, y acaso ello sea un signo de esperanza para una profesión irremediablemente arcaica, guiada por una disciplina que valora la continuidad y la historia. La memoria, sin embargo, antaño soporte de cualquier conocimiento, se debilita hoy por falta de ejercicio, al ser la información tan asequible y oceánica, y quizá por este motivo compensamos la amnesia con las conmemoraciones: no recordamos nada, pero celebramos todas las efemérides.

En nuestro pequeño planeta de la arquitectura, los 20 años de la inauguración del Guggenheim bilbaíno rivalizaron con los 40 de la apertura del Centro Pompidou y con los 80 de la expo parisina que dio luz al Guernica en el pabellón de Josep Lluís Sert, mientras Barcelona celebraba los 25 años de sus Juegos Olímpicos y su transformación urbana, y Holanda los 100 años de De Stijl. El centenario de la Revolución de Octubre y su imaginería constructivista fue conmemorado de forma más crítica y ambigua, mientras los del ingeniero y arquitecto uruguayo Eladio Dieste y del felizmente vivo sinoestadounidense Ieoh Ming Pei pasaron casi inadvertidos; ojalá los cuatro que irán jalonando el 2018 —el holandés Aldo van Eyck, el danés Jørn Utzon, el español Franciso Javier Sáenz de Oíza y el estadounidense Paul Rudolph— reciban la atención que merecen.

El año tuvo para España momentos felices: los tres componentes del estudio de Olot RCR —Rafael Aranda, Carme Pigem y Ramon Vilalta— recibieron en Tokio el Premio Pritzker, veinte años después de hacerlo en Los Ángeles Rafael Moneo, que por su parte celebró su 80 aniversario con el japonés Praemium Imperiale y con el Premio Soane, otorgado al navarro en su primera edición; el británico Norman Foster, en un ejercicio que le vio también culminar las sedes de Apple en California y de Bloomberg en Londres, presentó su fundación en Madrid, alojada en un palacete beauxartiano al que ha añadido un refinado pabellón de vidrio, e inauguró en el Espacio Telefónica una exposición de su obra enhebrada por los conceptos de futuro y lo común; y el italiano Renzo Piano terminó en el frente marítimo de Santander el icónico Centro Botín, su primera obra española, si no contamos la pequeña base levantada en Valencia para el Luna Rossa con ocasión de la Copa América.

Y si en el ámbito político el año estuvo marcado por el conflicto de Cataluña y por la dramática división creada en la sociedad catalana, en el cultural se asistió a un florecimiento vigoroso de la joven arquitectura de esta comunidad, que también vio homenajear con el Premio Nacional al veterano estudio barcelonés de José Antonio Martínez Lapeña y Elías Torres. De las luces y de las sombras han procurado ir dando cuenta tanto *AV Monografías* como *Arquitectura Viva,* que llegaron simultáneamente a los 200 números tras un itinerario que supera ya las tres décadas, celebrando este hito con un número monográfico —'Doscientos'— que propone un canon accidental: 50 libros, 50 revistas, 50 exposiciones y 50 películas y fotógrafos destacados de los últimos cincuenta años.

En el mundo se completaron edificios tan emblemáticos como el Louvre de Jean Nouvel en Abu Dabi —una cúpula que protege el arte con la sombra de sus ingrávidas celosías metálicas— o la biblioteca de OMA en Catar; tan refinados como la Fondazione Feltrinelli de Herzog & de Meuron en Milán o la biblioteca de RCR en Gante; tan innovadores como el Museo Tirpitz Bunker o la sede de Lego de BIG, ambos en Dinamarca, o como el MAAT de Lisboa o la ampliación del Victoria & Albert londinense, obras ambas de Amanda Levete; tan insólitas como el Palacio de Congresos de Plasencia de Selgascano o el Museo Zeitz de Ciudad del Cabo de Thomas Heatherwick; y tan alternativos como la cúpula de Anna Heringer en la Bienal Internacional de Arquitectura de Bambú celebrada en China o el pabellón de Francis Kéré para la Serpentine Gallery.

Y se celebraron las trayectorias de Toyo Ito con la Medalla de Oro de la UIA, de Neave Brown con la del RIBA y la de Paul Revere con la del AIA, mientras los premios a edificios fueron el Mies al bloque de viviendas deFlat de NL Architects y XVW architectuur, el Stirling al muelle de Hastings de dRMM, el FAD al Museo de las Colecciones Reales de Mansilla y Tuñón, que también recibió el de Arquitectura Española conjuntamente con el Palacio de Congresos de Palma de Francisco Mangado, mientras la medalla del CSCAE fue igualmente compartida entre el estudio catalán de Enric Batlle y Joan Roig y el madrileño de Rafael de La-Hoz.

Es inevitable cerrar estos balances con el capítulo de pérdidas, y en España despedimos al autor de las madrileñas Torres de Colón, el también promotor y constructor racionalista Antonio Lamela; al experto en vivienda Fernando Ramón; al renovador de la cultura canaria Rubens Henríquez; a Enric Tous, socio del innovador despacho barcelonés Tous y Fargas; al profesor de construcción y director de la ETSAM Luis Maldonado; al escultor y arquitecto onírico de Barcelona Xavier Corberó; al especialista en arquitectura escolar Luis Vázquez de Castro; y al socio de la mítica oficina MBM Josep Martorell.

Por su parte, en el mundo se lamentaron las pérdidas del japonés Kazuhiro Kojima, del alemán Albert Speer Jr. y del estadounidense John Portman, así como la de un elenco excepcional de historiadores de la arquitectura: el californiano James Ackerman, el italiano Leonardo Benevolo, el británico Paul Oliver, el austríaco Eduard Sekler y el estadounidense Vincent Scully, todos ellos nonagenarios, nos dejaron en un *annus horribilis* para esta disciplina, y el consuelo que pueda encontrarse en la persistencia de sus libros es tan magro como el que ofrecen los edificios de los arquitectos desaparecidos.

La multitud en marcha

Múltiples multitudes han protagonizado este año convulso: multitudes luminosas, con las grandes movilizaciones del Día de la Mujer en marzo, en la estela del Me Too y las celebraciones del Orgullo; multitudes identitarias de exaltación nacional, que alcanzaron el éxito de llevar hombres fuertes a los Gobiernos de Italia, de México y de Brasil —como ya estaban en Estados Unidos, China, Rusia, Turquía o Hungría—, se enfrentaron en Cataluña al juicio de los dirigentes independentistas, y se hicieron visibles en España con ocasión de las elecciones autonómicas en Andalucía; multitudes airadas frente a la ruptura del pacto social provocada por la última crisis, que emergieron vigorosamente en noviembre con los chalecos amarillos franceses; y multitudes dolorosas en éxodos provocados por las guerras o la miseria, que crearon crisis migratorias en las fronteras de los países del norte de América o del sur de Europa, y que durante el verano tuvieron su epicentro en el mar de Alborán, frente a las costas españolas.

Todo ello mientras el mundo confía en evitar la 'trampa de Tucídides', que pronosticaría el enfrentamiento bélico entre la superpotencia americana en declive y la asiática en ascenso, un conflicto que Estados Unidos y China han ensayado mediante los escarceos de la guerra comercial, la pugna por el liderazgo digital y los amagos de intervención cibernética; mientras Europa se fractura por el Brexit y los países del Grupo de Visegrado, deplora el debilitamiento del vínculo atlántico y contempla impotente la penetración económica y financiera de China a través de las infraestructuras de la Nueva Ruta de la Seda; y mientras se acentúa un cambio climático asociado a manifestaciones extremas como las que hicieron incontrolables los devastadores incendios de California, Grecia o Australia.

En España, el llamado 'proceso' catalán, que el año anterior condujo a una ilegal y efímera declaración unilateral de independencia, vio en este el procesamiento de sus líderes, algunos de los cuales habían huido del país, mientras en junio una moción de censura con el apoyo de los partidos secesionistas llevó al socialista Pedro Sánchez a la Moncloa, iniciándose una etapa de creciente crispación y polarización política, apenas aliviada por los éxitos deportivos y la buena marcha de una economía que crece vigorosamente creando empleo, pero sin reducir la desigualdad social. Aunque los 'nuevos optimistas', desde Steven Pinker hasta Hans Rosling, nos animan a contemplar las tendencias a largo plazo, la percepción quizá miope de la corta distancia suscita pocos entusiasmos.

Si la salud económica ha llenado las ciudades españolas de grúas, pocas de ellas están vinculadas a proyectos públicos, contemplándose más bien una proliferación de iniciativas privadas de obra nueva o de rehabilitación para viviendas de alta gama, oficinas o comercios. La arquitectura de mayor calidad sobrevive en pequeños encargos de clientes cultos o en obras modestas de diferentes administraciones, con un variado registro regional, que se extiende desde las inteligentes y numerosas realizaciones catalanas hasta la persistente parálisis madrileña. Dos buenos ejemplos de estos empeños de pequeña escala son las rotundas casas de piedra construidas por Emilio Tuñón en Cáceres y por Harquitectes en Gerona, manifestaciones elocuentes de que la ambición estética, intelectual y técnica puede expresarse con las dimensiones reducidas de un proyecto residencial unifamiliar.

Con excepciones como la apertura del titánico ferial leonés por Dominique Perrault, la mayor parte de los grandes proyectos españoles se culminaron fuera de España: así el elegante archivo histórico de Ignacio Mendaro en Oaxaca; así también el colosal centro de convenciones de Herreros y Bermúdez en Bogotá; y así por último el exquisito Centro Arvo Pärt de Nieto Sobejano en Estonia, que homenajea al gran compositor entre los pinos al borde del Báltico. Tres muestras a las que deben obligatoriamente añadirse la Facultad de Radio y Televisión de la Universidad de Silesia, realizada en la polaca Katowice por BAAS Arquitectura; el nuevo parlamento del cantón de Vaud, completado en Suiza por Bonell y Gil; la escuela de Orsonnens de Ted'A arquitectes, igualmente en Suiza; y la mediateca de RCR en Gante.

El gran hito internacional del año fue la inauguración largo tiempo esperada de la Biblioteca de Catar, un proyecto icónico de Rem Koolhaas que se suma a las numerosas obras culturales que dan testimonio de la pujanza del pequeño país del Golfo, hoy sometido a embargo económico y aislamiento aeroportuario por su poderoso vecino, Arabia Saudí. Pero también merecen reseñarse obras europeas como el refinado rascacielos judicial de Renzo Piano en París, la escultórica sede del Victoria & Albert levantada por Kengo Kuma en Dundee o la monumental Galería James Simon de David Chipperfield en Berlín, que culmina su remodelación de la Isla de los Museos; americanas como el compacto aulario universitario de Barclay & Crousse en Perú —que por cierto fue galardonado con el Premio Mies americano— o las sedes de empresas tecnológicas en Silicon Valley desarrolladas por Norman Foster o Frank Gehry; y asiáticas como la torre pixelada de Ole Scheeren en Bangkok o el lírico pabellón de arte y capilla de Álvaro Siza en Corea del Sur. Y sin duda las cons-

126

trucciones más visitadas han sido las capillas promovidas por el Vaticano en el marco de la Bienal de Arquitectura de Venecia, y que recorrieron todo el abanico proyectual, desde la magia pétrea de la realizada por Eduardo Souto de Moura hasta la ligereza de los *tensegrities* diseñados por Norman Foster.

Si la Bienal fue el evento más significativo, los centenarios de Jørn Utzon, Aldo van Eyck, Paul Rudolph o Francisco Javier Sáenz de Oíza dieron lugar a diferentes publicaciones y muestras, que se añadieron a las de Tadao Ando en el Centro Pompidou, de Piano en la Royal Academy, de Victor Papanek en Vitra o de Francis Kéré en el Museo ICO, esta última con un éxito de público que habla en favor de las arquitecturas esenciales que buscan utilidad y belleza con medios limitados. Y singular fue también el congreso celebrado por la Fundación Arquitectura y Sociedad en Pamplona sobre el tema de la ciudad —un asunto que mereció también la exploración atenta de la Fundación Norman Foster—, inaugurado por el rey Felipe VI y con la participación de escritores como Eduardo Mendoza o Leonardo Padura, alcaldes como Joan Clos o Manuela Carmena, y mitos del urbanismo como Jan Gehl o Jaime Lerner.

Cada año tiene sus catástrofes, y además de las muchas que causaron sufrimiento y pérdidas humanas en diferentes regiones del planeta, dos colapsos de distinta naturaleza merecen glosarse por su singular interés para arquitectos e ingenieros: el hundimiento del puente Morandi en Génova causó más de cuarenta víctimas, y puso en cuestión decisiones estructurales, políticas de mantenimiento y gestión privada de las infraestructuras, asuntos de gran calado a los que en parte intenta dar respuesta el nuevo puente diseñado por Piano; y la cancelación tras una minoritaria consulta popular de las ya avanzadas obras del aeropuerto de México, proyectado por Foster con una innovadora estructura estérea, advierte sobre los riesgos de la demagogia participativa que elude la responsabilidad política de las grandes decisiones infraestructurales.

En el capítulo de premios, el Pritzker recayó en el veterano maestro indio Balkrishna Doshi, el Imperiale en el francés Christian de Portzamparc, y el León de Oro veneciano celebró la carrera del crítico e historiador británico Kenneth Frampton, mientras el Nacional de Arquitectura español hizo lo propio con la trayectoria exigente y discreta de Manuel Gallego, y el Swiss Award valoró los logros de la joven arquitecta Elisa Valero.

La desaparición que deja un hueco mayor es probablemente la de Robert Venturi, pero también lamentaremos la ausencia de Neave Brown y Will Alsop, de Paul Andreu y Paul Virilio, de Gillo Dorfles y Tomás Maldonado; y entre nosotros recordaremos a los arquitectos Antoni Ubach y Antonio González Cordón, al urbanista y sociólogo Mario Gaviria y al periodista, pintor y poeta Vicente Verdú, que tanto hizo por la arquitectura desde las páginas de *El País* o en las de esta revista. La estadounidense *Time* decidió en este ejercicio multiplicar por cuatro su persona del año, y eligió a periodistas que sufrieron acoso intentando contarnos lo que sucede en un mundo corrompido por las *fake news* y la manipulación de las mentes. Las multitudes en marcha celebran, reclaman o sufren, y otro tanto nos cabe hacer a los individuos, divididos entre el optimismo histórico que ofrecen los datos y la desazón cotidiana que provocan los acontecimientos.

2019
En el umbral

Estamos en el umbral de algo, pero no sabemos qué. El diagnóstico de Ortega y Gasset —«No sabemos lo que nos pasa, y eso es precisamente lo que nos pasa»— sirve también para este momento de tránsito entre décadas, tan incierto en un mundo ayuno de gobernanza como en una España hoy dramáticamente fracturada por conflictos ideológicos y territoriales.

Las monografías de *AV* nacieron hace 35 años con el propósito de registrar la arquitectura y su contexto, y en este papel de observador global los Anuarios publicados regularmente desde 1994 han sido herramienta imprescindible. Si miramos hacia el pasado más inmediato, los títulos de las presentaciones durante el último lustro abrevian el relato: tras anunciar 'el vendaval que viene' y constatar un 'cambio de clima', deploramos 'el ascenso del populismo' y describimos los nuevos 'territorios del riesgo', para finalizar dando testimonio de 'la multitud en marcha', que puso en cuestión con sus protestas el orden establecido.

Francis Fukuyama ha escrito en *Identity* que «en algún momento a mediados de la segunda década del siglo XXI la política mundial cambió de forma dramática», y es probable que estemos todavía intentando definir los perfiles de esa mudanza, y forzando la vista para procurar distinguir el futuro que se asoma a nuestro umbral.

Durante el año 2019 hemos buscado el porvenir emboscado en el presente a través de las presentaciones de los números de *Arquitectura Viva* que podrían resumirse en un decálogo taquigráfico:

1. Los invisibles demandarán visibilidad y respeto, avanzarán las políticas identitarias y el populismo extenderá su influencia

2. Se reavivará la carrera espacial, y la Luna o Marte reclamarán recursos que serían más útiles para abordar los desafíos del planeta.

3. Nos enfrentaremos a la emergencia climática mediante la transición energética y la inevitable adaptación al cambio irreversible.

4. La robotización y la IA harán muchas destrezas obsoletas, transformando el empleo y alterando la percepción de lo humano.

5. Tras los refugiados de las guerras, la devastación del campo por sequías o hambrunas multiplicará los migrantes económicos.

6. El turismo de masas seguirá degradando el medio natural, así como el patrimonio y la estructura social de las ciudades históricas.

7. Apreciaremos más la belleza imperfecta de los objetos sometidos a la usura del tiempo, perecederos como nosotros mismos.

8. Las ciudades seguirán creciendo porque son más saludables y seguras, y porque la densidad es más sostenible que la dispersión.

9. La contaminación de los océanos por plásticos y otros residuos nos obligará a revisar métodos industriales y hábitos personales.

10. Más que las guerras comerciales o las cibernéticas, la mayor amenaza para los pasajeros de la nave espacial Tierra seguirán siendo las armas nucleares.

No sé si esta enumeración ayuda a cartografiar el futuro o lo desdibuja, pero el inicio de la década anima a imaginarla, por más que el torbellino de la vida nos desmienta. Sí existe algo más de certeza en la crónica del año, protagonizada en el mundo por la emergencia climática que han hecho visible los incendios del Amazonas o Australia y por los levantamientos ciudadanos que se han extendido desde Chile hasta Hong Kong, y encabezada en España por las múltiples convocatorias electorales y por el juicio del *procés*. En la cultura, el segundo centenario del Museo del Prado y el primero de la Bauhaus se celebraron con múltiples exposiciones, mientras la peor noticia fue el devastador incendio sufrido por la catedral de Notre Dame; y en la arquitectura, las imágenes del año fueron las obras mediáticas de Diller Scofidio + Renfro y Thomas Heatherwick en los Hudson Yards de Manhattan —The Shed y Vessel— y las colosales realizaciones de Zaha Hadid Architects en Pekín, el segundo aeropuerto internacional de la ciudad y un rascacielos formado por dos torres enlazadas; el estudio de la desaparecida arquitecta angloiraquí terminó también un estadio en Catar, que vino a sumarse allí al lírico Museo Nacional de Jean Nouvel, evocador de una rosa del desierto y, también en el Golfo, al Centro de interpretación de Valerio Olgiati en Baréin.

China, por su parte, estuvo también en las noticias por dos concursos en Shanghái, el de la ópera que ganó Snøhetta y el de la sede de Alibaba que tuvo a Foster por vencedor con una propuesta inspirada por Sol LeWitt: una presencia internacional que contrasta con el vigor de su propia arquitectura, donde oficinas como la de Wang Shu o las de los más jóvenes Vector o Neri & Hu están realizando obras admirables. Turquía abrió un museo de Kengo Kuma con una característica fachada de maderas apiladas; y Europa celebró inauguraciones como la del museo The Twist de BIG en Noruega, el restaurante sumergido de Snøhetta en el mismo país o el exacto Museo de Bellas Artes en Lausana de Barozzi Veiga, mientras Olafur Eliasson repasaba su trayectoria en la Tate Modern y Oporto homenajeaba a Álvaro Siza y Eduardo Souto de Moura con sendas exposiciones en el Museo Serralves y la Casa da Arquitectura.

En España la cornisa cantábrica fue escenario de noticias destacadas: la reinauguración de Chillida Leku cerca de San Sebastián, la victoria de Norman Foster en el concurso para ampliar el Museo de Bellas Artes de Bilbao y la de David Chipperfield en el convocado para adaptar a usos culturales la sede histórica del Banco de Santander. Otro concurso importante, para la construcción en Madrid de un colosal complejo sanitario, la nueva sede del hospital La Paz, fue adjudicado a un grupo de despachos encabezados por Burgos & Garrido, y el realizado en Vigo para levantar un edificio que materialice los vínculos de la ciudad con la industria del automóvil tuvo como ganadores a Vaíllo + Irigaray. Mientras tanto, la joven arquitectura catalana que tan bien representan Harquitectes siguió consolidando una escuela de talento y rigor, Antón García-Abril y su Ensamble Studio ampliaron su actividad de Boston y Madrid a Menorca con Ca'n Terra, una realización visionaria en una cantera, y Selgascano completaron en Los Ángeles un nuevo centro de Second Home, un *coworking* celular y orgánico que supone un paso más en la internacionalización del estudio madrileño.

El capítulo de premios homenajeó trayectorias prolongadas con el Pritzker de Arata Isozaki, la Medalla de Oro del AIA para Richard Rogers o el Soane de Kenneth Frampton, lo mismo que el Nacional de Arquitectura español, que recayó en Álvaro Siza, o la Medalla del Consejo de Colegios de Arquitectos, otorgada a Alberto Campo Baeza; pero también destacó obras más escuetas, como la de Williams & Tsien con el Imperiale o la de Grafton Architects con la Medalla de Oro del RIBA, y más específicamente sociales, con el Stirling a una realización residencial de Mikhail Riches y Cathy Hawley en Norwich y el Mies a otra de Lacaton & Vassal en Burdeos. Igualmente sociales en su propósito fueron los seis galardonados con el Aga Khan o las dos obras premiadas en la XI BIAU, el SESC 24 de Maio en São Paulo, coronado por una piscina pública en la azotea, que inauguró el venerado Paulo Mendes da Rocha, y el Museo del Clima de Toni Gironès en Lérida, mientras Alfredo Payá recibió el Premio FAD por el Instituto Playa Flamenca de Orihuela.

Estos resúmenes del año tienen siempre el melancólico colofón de las desapariciones, y efectivamente ha habido que lamentar el fallecimiento de eminentes arquitectos estadounidenses como Ieoh Ming Pei, César Pelli, Kevin Roche y Stanley Tigerman (aunque quizá debería recordarse el origen chino del primero, argentino del segundo e irlandés del tercero); figuras del experimentalismo europeo como los italianos Alessandro Mendini o Cristiano Toraldo di Francia, este último fundador de Superstudio; historiadores y críticos como Charles Jencks, Franz Schulze, Graziano Gasparini o Manuel Graça Dias, varios de los cuales se desempeñaron también como arquitectos; la inclasificable Florence Knoll Bassett, arquitecta y diseñadora de muebles que cambió la concepción de las oficinas; y los españoles Juan Antonio García Solera, Carlos Hernández Pezzi y Andrés Fernández-Albalat, llorados en Alicante, Málaga y La Coruña.

2020
Entre paréntesis

Del virus a la vacuna, este ha sido un año entre paréntesis. Desde la detección de los primeros casos de covid-19 en Wuhan hasta el anuncio del éxito de las vacunas, hemos vivido un período de vida virtual, encerrados en reductos domésticos y desdibujado el trato con los otros por mascarillas, distancias y pantallas. Si alguna vez nos hemos preguntado cómo sería la vida en un metaverso —ese espacio virtual compartido de los que interaccionan o juegan digitalmente—, nunca hemos estado tan cerca como en esta triste etapa de realidad alternativa. La hiperconexión mediática y el consumo bulímico de experiencias había generado el síndrome FOMO *(fear of missing out,* temor a perderse algo), y la pandemia ha sustituido esta ansiedad patológica por otra muy diferente, FOGO *(fear of going out,* el miedo a salir), que prolonga el confinamiento con la reclusión voluntaria. Pero somos seres sociales, y la ausencia de contacto físico es difícilmente sostenible: no es verosímil imaginar un mundo de hikikomoris —los jóvenes japoneses que eligen no salir de su habitación—, este año ominoso debe efectivamente ser un paréntesis, y la vida virtual una distopía reversible.

Nos esforzaremos en valorar positivamente la renovada atención a la intimidad y lo doméstico, en celebrar el descubrimiento de todos los trabajos humildes que resultan imprescindibles para la supervivencia de los habitantes urbanos, y en conjeturar de qué forma el teletrabajo puede dibujar un futuro alternativo para las zonas menos pobladas del territorio. Sin embargo, la principal lección que cabe extraer del primer año de la pandemia es la toma de conciencia sobre la extrema fragilidad de nuestro organismo, la evidente vulnerabilidad de nuestra estructura social y la caudalosa insuficiencia de nuestras instituciones, sometidas a una prueba de carga de la que no han salido bien paradas. Por un lado, la covid-19 ha acentuado tendencias ya presentes en nuestro entorno, y ha acelerado procesos de cambio que estaban ya en marcha; por otro, ha puesto al descubierto nuestros límites biopolíticos, desnudando la realidad individual y colectiva del ropaje de ficciones que la oculta: ha bajado la marea, y el retroceso de las aguas nos ha permitido ver con claridad el perfil escarpado de la costa.

Cabe felicitarse por la puesta en cuestión de la hiperglobalización y la hiperurbanización del planeta, porque el comercio y los desplazamientos masivos, lo mismo que la invasión sin límites de la naturaleza por el mundo artificial, son el caldo de cultivo para el salto de los virus entre especies; pero debe reiterarse que el intercambio de mercancías y el movimiento de personas son inseparables del crecimiento económico, y que la ciudad compacta es nuestro principal recurso para adaptarnos al cambio climático. Cabe congratularse por el desarrollo vertiginoso de las vacunas, porque la ciencia biomédica y la industria farmacéutica han mostrado lo que puede hacerse cuando se suma la innovación y el talento al músculo financiero; pero no puede olvidarse que el conocimiento científico está todavía ausente de las políticas públicas y de la gobernanza global. Y cabe sentirse de enhorabuena por el cambio en la superpotencia americana, porque la última presidencia deja tras de sí un paisaje institucional, social y geopolítico calcinado; pero es imprescindible subrayar que la polarización sigue vigente, en Estados Unidos y en el mundo, que el populismo disfruta aún de buena salud, y que el auge de las protestas expresa el desafecto con las élites y el descontento con la vida, real o virtual.

Pocas arquitecturas merecen destacarse en este año de catástrofe y parálisis, pero es inevitable mencionar, en el ámbito hospitalario que ha acogido a los enfermos de covid-19, el edificio prefabricado que se levantó vertiginosamente en la ciudad china de Wuhan apenas se tuvo conciencia de la magnitud de la epidemia; la adaptación en Madrid de los pabellones feriales de IFEMA al uso sanitario durante la primera ola de la epidemia; y la construcción, también en la capital española, de un hospital de emergencias que se abrió coincidiendo con la segunda ola. Y en el terreno de la ingeniería civil, la culminación más simbólica ha sido la del puente San Giorgio de Génova, diseñado filantrópicamente por el arquitecto Renzo Piano e inaugurado dos años después del trágico desplome del viaducto que cruza la ciudad, por lo que el acto tuvo el doble carácter de recuerdo de las víctimas y orgullo cívico por la reconstrucción acelerada de la arteria infraestructural con una pieza de extraordinaria monumentalidad, elegancia y ligereza.

Aunque se cancelaron la mayor parte de las exposiciones, congresos y ferias, algunos eventos tuvieron lugar en remoto o con grandes limitaciones de aforo, y la pedrea de los premios continuó su carrusel, girando mayormente en el vacío, por más que se otorgaron galardones merecidos y reconocimientos de justicia. Es inevitable mencionar el Premio Pritzker a Grafton Architects, la Medalla del RIBA a David Adjaye, la del AIA a Marlon Blackwell o el Swiss Award a Bruther, además del Premio Nacional español a Alberto Campo Baeza o el FAD a Juan Herreros por sus viviendas en Sant Boi; aunque quizá el premio a la vez más atípico y más representativo del año ha sido el Cervantes al poeta y arquitecto Joan Margarit, otorgado en 2019 y entregado por los reyes al autor de *Càlcul d'estructures* en una ceremonia privada realizada en Barcelona en diciembre de 2020.

Durante el año, las protestas contra el racismo habían dado lugar a una 'guerra de las estatuas' que quiso apear de sus pedestales a figuras históricas que no pasan por el ojo de la aguja de la ética contemporánea y esta iconoclasia del prestigio se extendió también a la discriminación por el mérito, de manera que las distinciones públicas se enfrentan a un terreno minado por las sensibilidades identitarias y la algarabía de las redes sociales, donde la ley de Lynch es tan popular como la fabricación de falacias, conspiraciones y mentiras, eso que hoy recibe la denominación equívoca de *fake news*. Pero los científicos aseguran que, junto a la pandemia y el cambio climático, el gran desafío de nuestro tiempo es la creación de un consenso sobre la realidad objetiva, de manera que habrá que confiar en hallar ese territorio donde verdad y belleza coinciden y se refuerzan mutuamente.

Este año ominoso ha ofrecido recuentos diarios de contagiados y muertos, y la arquitectura ha sufrido su propia cuota de bajas. Figuras históricas europeas como Adolfo Natalini de Superstudio, Yona Friedman, Vittorio Gregotti o Luigi Snozzi; el iraquí Rifat Chadirji; anglosajones corporativos como Henry 'Harry' Cobb, Michael McKinnell o Jaquelin T. Robertson; críticos e historiadores como Roger Scruton, Michael Sorkin or Germano Celant; artistas y personajes inclasificables como Christo, Ulay, Terence Conran o Franco Maria Ricci; diseñadores como Milton Glaser, Cini Boeri o Enzo Mari; y en el ámbito más próximo arquitectos como Federico Correa, Jaime Castañón, Juan Serrano o Carlos Sobrini; profesores como Carlos Martí, Antonio Bonet o el historiador de La Habana Eusebio Leal; y también amigos o colaboradores como el arquitecto de Cádiz Julio Malo de Molina o la filóloga y traductora Pilar Vázquez Álvarez, que formó parte de la redacción de esta revista en los años noventa: una relación más extensa que de costumbre, y acaso más teñida por la melancolía y la incertidumbre, en un año vírico que contempla sus olas extendiéndose al siguiente.

2021
Un planeta en alerta

De la nieve a la lava, en España este ha sido un año de eventos extremos. Nada relaciona la borrasca Filomena con la erupción de Cumbre Vieja, pero ambos sobresaltos se producen mientras procuramos recuperarnos de una pandemia histórica que ha detenido la vida del planeta. Las ciudades vacías e inmóviles fueron una imagen tan emocionante como verlas cubiertas por una nieve unánime, o como contemplar las coladas de lava incandescente y los campos sepultados bajo un manto silencioso de ceniza, pero estos impactos estéticos no pueden ocultar las muertes y la angustia producidas por el virus, los daños y la parálisis urbana causados por la tormenta, o la desaparición de casas, cultivos y memorias bajo el imperio sordo del volcán. Entregados a los saberes inciertos de epidemiólogos, meteorólogos y vulcanólogos queremos ignorar otros eventos que sacuden un mundo en emergencia climática: el *shock* geopolítico ocasionado por la retirada de Afganistán y el Aukus; el *shock* económico provocado por el encarecimiento del transporte de mercancías; y el *shock* energético que tiene origen en la difícil sustitución de los combustibles fósiles.

El G-20 decidió no financiar centrales de carbón y fijó en 1,5 °C el incremento de temperatura, pero sin China y Rusia el acuerdo es imposible de cumplir. Nos consuela saber que el Premio Nobel de Física se haya concedido a los pioneros en la modelización del clima, pero lo cierto es que hoy no necesitamos más verificación científica del calentamiento global, sino más compromisos políticos de reducción de gases de efecto invernadero, y los líderes reunidos en Roma parecían más bien encomendarse al azar de una moneda arrojada a una fuente. Y aunque cabe felicitarse de que la guerra arancelaria entre los Estados Unidos y la Unión Europea haya disminuido su encono, las dificultades logísticas siguen nublando los intercambios comerciales, el repunte de la inflación proyecta sombras sobre el futuro, y la voluntad de autonomía frente a las cadenas de suministro parece incompatible con la dependencia europea de Taiwán para obtener los semiconductores sin los cuales su industria se detiene. Nuestro continente, debilitado por el Brexit o el ocaso de la OTAN, sigue teniendo su talón de Aquiles en la dramática carencia de compañías tecnológicas y fuentes energéticas.

Los reunidos en la COP26 de Glasgow han ofrecido el habitual aluvión de buenas palabras y benéficas intenciones, pero no es fácil separar esa asamblea multitudinaria de los eventos extremos que puntean las vísperas del encuentro: el cierre de uno de los dos gaseoductos que llegan a España desde Argelia, lo que obliga a encarecer el suministro mediante licuefacción y metaneros; la terminación del Nord Stream 2 que lleva el gas ruso hasta Alemania, con palmarias consecuencias geopolíticas; la promoción por Francia de una nueva generación de centrales nucleares modulares, con un diseño compacto que permite multiplicar el suministro de una energía sin impacto climático, pero con problemas de residuos y proliferación nuclear; o el ensayo de un apagón general en Austria, intentando mejorar la preparación ante un suceso cada vez más probable, habida cuenta de la interconexión de redes y la verosimilitud de un accidente en cadena. El recibo de la luz es solo la punta del iceberg energético que enturbia los paisajes de la transición hacia fuentes renovables, y que amenaza convertir el futuro inmediato en un malpaís de escombros y ceniza.

En el planeta de la arquitectura, el año vio finalizarse realizaciones iniciadas en lo que ya nos parece otra época, con el inevitable protagonismo de los museos, donde especialistas como Renzo Piano o Herzog & de Meuron inauguraron varios —el Museo de la Academia de Cine en Los Ángeles o la Casa de la Cultura GES-2 en Moscú el italiano, y el M+ en Hong Kong o el SONGEUN en Seúl los suizos—; maestros como Norman Foster o Tadao Ando culminaron obras en Francia —el Museo Romano de Narbona el primero y la transformación de la Bolsa de París para albergar la Colección Pinault el segundo—; Studio Zhu Pei completó el Museo del Horno Imperial en Jingdezhen y el Museo de Arte CUBE en Pekín, y MVRDV el Depot Boijmans en Róterdam; David Chipperfield rehabilitó con destreza silenciosa la Neue Nationalgalerie de Mies en Berlín; Tuñón y Albornoz vieron abrirse la Fundación Helga de Alvear en Cáceres; y en Oslo, estudioHerreros llegó a las portadas con el largamente esperado Munch.

Por su parte, SANAA terminó dos importantes obras en Europa, la Samaritaine en París y la Universidad Bocconi en Milán, mientras la menor escala muestra como hitos el Instituto de Tecnología de Francis Kéré en Burkina Faso, la Capilla del Sonido de OPEN Architecture en Chengde y el templo de EMBT en Ferrara. Los Juegos Olímpicos se celebraron en Japón con un año de retraso y con el estadio de Kengo Kuma como escenario central, mientras Zaha Hadid Architects terminaba en Catar la que será la principal sede del Mundial del año próximo, uno de los muchos estadios construidos en el emirato; en el mismo Golfo, Baréin vio levantarse obras de OFFICE (Centro de Música Tradicional) y Anne Holtrop (Green Corner), y Dubái abrió un año más tarde una Expo donde brillaron los pabellones de Reino Unido —Es Devlin— y de España —Amann Cánovas Maruri—. Pero quizá lo más significativo de este año pandémico es ver a grandes arquitectos de la cultura como Piano o Herzog & de Meuron abordando un gran número de proyectos sanitarios y poniendo su talento al servicio de la difícil arquitectura hospitalaria.

El capítulo de premios debe iniciarse con el Pritzker de los franceses Lacaton & Vassal, el Imperiale del australiano Glenn Murcutt y el León de Oro de nuestro Rafael Moneo, en una edición de la Bienal veneciana que también galardonó póstumamente a la italobrasileña Lina Bo Bardi; la Medalla del AIA recayó en Edward Mazria, la del RIBA en David Adjaye, la Soane en Marina Tabassum y la Alvar Aalto en Studio Mumbai, mientras el Premio Stirling distinguió a Grafton Architects y el Schelling a Lina Ghotmeh. En España fue el año de la catalana Carme Pinós, con exposiciones en Madrid y San Sebastián culminadas con el Premio Nacional de Arquitectura, un reconocimiento a sus treinta años de trabajo independiente desde su separación de Enric Miralles, este recordado con diversas muestras en el veinte aniversario de su muerte prematura.

Un turbión de desapariciones hicieron todavía más funesto un ejercicio ominoso, marcado por el fallecimiento de figuras como Paulo Mendes da Rocha, Gottfried Böhm, Oriol Bohigas o Richard Rogers, personajes singulares como Joan Margarit, Jaime Lerner, José Miguel de Prada Poole o Jörg Schlaich, y amigos tan queridos como Alberto Corazón, Richard Ingersoll, Terence Riley o Dionisio Hernández Gil, en un año que nos arrebató también a Helmut Jahn y Ruy Ohtake, Javier Seguí y Lluís Casals, Roberto Valle y Justo García Rubio, y que deja en la boca un melancólico sabor a ceniza.

Bajo el signo de Marte

La guerra de Ucrania ha marcado un año ominoso para Europa, que ha constatado su fragilidad energética y dado pasos atrás en su esfuerzo por enfrentarse a la crisis climática. Tras dos años de pandemia, el debilitamiento de las redes logísticas ha obligado a redimensionar la globalización, y la fractura geopolítica creada por el conflicto ha reducido aún más el comercio y la prosperidad. Como ha señalado Macron, «la era de la abundancia ha terminado». Este declive, que se acentúa ahora pero comenzó con la crisis de 2008, y que ha estado en el origen de movimientos populistas en el continente, afecta de manera más dramática a buena parte de África, donde la crisis alimentaria se ha sumado a la explosión demográfica para provocar flujos migratorios incontenibles. América ha tenido sus propios problemas, con la inestabilidad política y económica de Latinoamérica y la división social en Estados Unidos, que todavía no se recuperan del impacto tóxico de la presidencia de Trump, mientras en Asia China ha experimentado un menor crecimiento como consecuencia en parte de su aislamiento para intentar controlar la covid-19 y la India ha abordado su auge poblacional con políticas étnica y religiosamente divisivas.

España ha sufrido también un incremento de la fractura social y una erosión de las instituciones, con un descrédito de la política que no ha aliviado la celebración en Madrid de una cumbre de la OTAN, un incremento de la desigualdad que se ha procurado abordar mediante la solidaridad de una Unión Europea que a través de los fondos ha neutralizado parcialmente la deuda, y una ruptura del pacto generacional que perjudica a los jóvenes, que se enfrentan a un mercado laboral esclerótico, a unas estructuras educativas deterioradas y a un menosprecio del mérito y el esfuerzo. Esas viejas virtudes parecen haberse refugiado en el territorio del deporte, donde el país ha podido celebrar con orgullo los éxitos de sus tenistas, el veterano Rafael Nadal y el jovencísimo Carlos Alcaraz, y ha visto surgir con alegría el fútbol femenino, donde el Balón de Oro de Alexia Putellas la ha convertido en un icono. Y pese a sus actuales tribulaciones, el país conserva una bien tejida trama de vínculos familiares y sociales que son fuente de apoyo mutuo, y un patrimonio urbano y paisajístico que lo hacen más habitable, por más que a todos inquiete el despoblamiento interior que ha sido protagonista de las mejores películas del año.

En un año que vio las desapariciones históricas de Gorbachov e Isabel II, nuestra propia historia sufrió la pérdida de Jonathan Brown y John Elliott, mientras los arquitectos lamentábamos la muerte de Ricardo Bofill o Arata Isozaki y celebrábamos el Pritzker de Francis Kéré, el Princesa de Asturias a Shigeru Ban o el doble galardón español de Carme Pinós. Pero más allá de los premios y las pérdidas, más allá de la devastación de Ucrania, y más allá incluso de las guerras olvidadas de Etiopía, Yemen, Siria, el Congo o el Sahel, este año de estíos extremos e inviernos inclementes ha estado marcado por un cúmulo de noticias científicas que abren ventanas de esperanza. Las imágenes obtenidas por el telescopio espacial James Webb o la primera representación de un agujero negro abren una nueva era en la astronomía, mientras se prepara el viaje a Marte y se ensaya el impacto en un aerolito para proteger a la humanidad de una catástrofe cósmica, y mientras los resultados estimulantes en el terreno de la inteligencia artificial, la computación cuántica o la fusión nuclear delinean futuros inéditos. Estamos viviendo un tiempo bajo el signo del dios de la guerra, pero no dejamos de mirar hacia arriba, hasta el planeta Marte y más allá.

2023
Voces del Sur Global

El año de la inteligencia artificial y de la guerra de Gaza ha sido también el que ha dejado oír con mayor nitidez las voces del Sur Global. Tras un año de empleo universal de ChatGPT, la IA se perfila en el horizonte como un avance tecnológico extraordinario que va a cambiarlo todo, en un proceso de mutación social y económico esmaltado de riesgos civilizatorios; y tres meses después del ominoso ataque de Hamás contra Israel, la devastación bélica de la Franja de Gaza ha abierto un abismo geopolítico cuyo ciclo de acción-reacción alimenta a la vez el antisemitismo emboscado en tantas sociedades y la islamofobia latente en muchos destinos migratorios. Junto a estos acontecimientos con fecha, la emergencia de un Sur Global alejado en sus prioridades e intereses de los propios de Occidente es un fenómeno más borroso, pero no menos esencial, y que se materializa en cada coyuntura con aristas más afiladas. Ya en 2022 la guerra de Ucrania se percibió por muchos países como un conflicto entre Estados Unidos y Rusia que no les afectaba directamente, y sobre el cual no necesitaban tomar partido, y en los últimos compases de 2023 un número todavía superior de naciones han percibido en las decisiones sobre Gaza una muestra nítida del doble rasero moral de Occidente.

Algunos protagonistas del Sur Global han vivido jornadas singulares: Brasil vio el tránsito de Bolsonaro a Lula, y Argentina de Alberto Fernández a Javier Milei, pero el protagonismo de los dos grandes países sudamericanos se vio lastrado por graves desafíos ambientales y económicos; en contraste, la Turquía de Erdogan celebró su centenario con un creciente aplomo internacional, Arabia Saudí y los regímenes del Golfo hicieron valer su prosperidad petrolera a través de la proyección que otorga el deporte, y la India de Modi se convirtió en la nación más poblada del planeta, y acaso aquella que con más convicción reclama su peso geopolítico. Entre todas las voces, la de China fue inevitablemente la más escuchada, por más que la estricta gestión de la pandemia, las cortapisas a sus empresas tecnológicas y la amenazante burbuja inmobiliaria hayan frenado su imparable auge, lo que no le impidió promover la ampliación de los BRICS (Brasil, Rusia, India, China y Sudáfrica) a Argentina, Arabia Saudí, Irán, Etiopía, Egipto y los Emiratos Árabes Unidos, para formar un bloque ideológicamente independiente de las democracias occidentales, a su vez amenazadas desde dentro por el ascenso iliberal.

La fractura política del mundo, y la revisión de las redes logísticas para enfrentarse a emergencias pandémicas o bélicas, han hecho retroceder la hiperglobalización de la década pasada, valorando la seguridad de suministro por encima de la reducción de costes. El impacto de los precios o de la escasez han incrementado la insatisfacción y la desigualdad, exacerbando los movimientos populistas en los países centrales y acelerando los flujos migratorios en los territorios periféricos, donde a las convulsiones provocadas por los conflictos se ha sumado el impacto climático de sequías y hambrunas. En este contexto de inestabilidad, la COP28 se reunió en Dubái, y la experiencia de celebrar una cumbre del clima en un país petrolero dio pie a una declaración final en que se insta a prescindir gradualmente de los combustibles fósiles, pero esa decisión tiene solo el valor que le otorgue su cumplimiento por las partes.

En nuestro ámbito más próximo, Europa ha experimentado retrocesos en su cohesión interna, y las esperanzas suscitadas por la reacción comunitaria a la crisis pandémica de la covid-19 y a la energética de la guerra de Ucrania han tenido el reverso sombrío de la división ante el enfrentamiento entre Israel y Palestina, o del temor ante la pérdida de la protección militar estadounidense que podría suponer su atención prioritaria al Pacífico en el contexto de la pugna con China por la hegemonía, un temor acentuado por la imprevisibilidad geopolítica de un segundo mandato de Donald Trump. Protegido ahora de forma más precaria por la Unión Europea, y ello tanto en el terreno de la seguridad como en el institucional y el económico, nuestro país ha visto incrementarse la división ideológica y política, haciendo más frágiles las estructuras sociales que aseguran la convivencia, y perjudicando la competitividad en un entorno internacional cada vez más exigente.

Descendiendo al campo específico de la arquitectura, iniciativas urbanas titánicas como la nueva capital administrativa egipcia o la ciudad lineal saudí avanzaron en sintonía con las megaurbes asiáticas o las urbanizaciones edulcoradas americanas, y el planeta contempló la culminación de la cuota anual de edificios emblemáticos, entre los cuales no pueden dejar de mencionarse el Museo de Arte Moderno de Estambul, diseñado por Renzo Piano; la Biblioteca Nacional de Israel en Jerusalén, obra de Herzog & de Meuron; el Museo de la Ciencia Ficción en Chengdú, realizado por Zaha Hadid Architects; o la ampliación del Museo de Historia Natural en Nueva York, ejecutada por Studio Gang.

Pero en buena parte de las zonas prósperas del mundo, el incremento de los precios inmobiliarios, producido por los costes de energía y materiales tanto como por la presión turística sobre los centros urbanos, dio lugar a tensiones en el mercado de la vivienda, colocando a este de nuevo en el horizonte de atención de reguladores, promotores y arquitectos. El alojamiento informal, en todo caso, siguió protagonizando la creación de tejido urbano, y las infraestructuras sanitarias y educativas —entre las cuales la Escuela de Niñas en Jaisalmer, proyectada por Diana Kellogg, y la Escuela Wayair en Ulyankulu, levantada por JEJU.studio— continuaron siendo la inversión más rentable para mejorar la calidad de vida de las poblaciones y las expectativas personales de sus niños y sus jóvenes.

La cosecha de premios de 2023 es reveladora, y muestra las prioridades contemporáneas en el terreno de la arquitectura, donde cuestiones como el género, la raza o el compromiso social tienen un peso superior al del éxito profesional, la innovación formal o la excelencia artística. Un caso aparte es el estadounidense Pritzker, que se ha permitido premiar a un gran arquitecto icónico, David Chipperfield, mientras el japonés Praemium Imperiale añadió a su lista el nombre de Francis Kéré. La Medalla del RIBA eligió este año a la arquitecta paquistaní Yasmeen Lari, la del AIA a Carol Ross Barney, fundadora de Chicago Women in Architecture, los Women in Architecture Awards recayeron en Kazuyo Sejima y Phyllis Lambert, y el Premio Charlotte Perriand se otorgó a Frida Escobedo. Por su parte, la Medalla de la Arquitectura Española se concedió a César Portela, la Soane a Anne Lacaton y Jean-Philippe Vassal, y el León de Oro de la Bienal veneciana fue entregada por su comisaria, la sudafricana Lesley Lokko, al artista y diseñador nigeriano Demas Nwoko, confirmando que los valores de la época son muy distintos a los vigentes hace solo una década.

Mayor continuidad con la convención tienen los premios otorgados a edificios, y aunque en muchos se advierte el latido de lo nuevo, la renovación no es tan radical como en aquellos que homenajean trayectorias. Así sucede en el Premio Mies americano, otorgado a la ampliación del Museo Anahuacalli, realizada por Mauricio Rocha en Coyoacán; en el Stirling, que se adjudicó al Centro de día Morden, proyectado por Mae Architects en Londres; o en el FAD, concedido al madrileño Colegio Reggio de la Office for Political Innovation (Andrés Jaque) y a la barcelonesa Biblioteca Gabriel García Márquez de SUMA arquitectura (Elena Orte y Guillermo Sevillano), dos obras de contenido social, espíritu innovador y excelencia material.

Ver desaparecer a quienes nos han acompañado en nuestro trayecto vital nos advierte que las campanas doblan por nosotros, y esta percepción se hace más nítida cada año que pasa. A diferencia de los premios, que procuran compensar desigualdades históricas, en la lista de pérdidas hay pocas mujeres: la arquitecta Renée Gailhoustet, la socióloga Monique Eleb-Vidal y la paisajista Harriet Pattison, que muchos recordarán por su vínculo con Louis Kahn. Ha sido un año triste para la historia y la crítica de la arquitectura, porque al gran conocedor de Rusia y de Le Corbusier Jean-Louis Cohen deben sumarse el historiador Anthony Vidler, el crítico Peter Buchanan, el teórico de la autoconstrucción John Turner y el pionero del significado en arquitectura George Baird. Entre los grandes nombres de arquitectos desaparecidos en el ejercicio deben mencionarse los del indio Balkrishna Doshi, el italiano Vittorio Garatti, el estadounidense Eugene Kohn, el uruguayo asentado en Nueva York Rafael Viñoly, el británico Michael Hopkins, el canadiense de origen japonés Raymond Moriyama, el israelí de origen polaco Zvi Hecker y el italiano Andrea Branzi.

Y con una dimensión pedagógica y teórica, durante el año lamentamos la pérdida del suabo Arno Lederer, del romano Paolo Portoghesi y del luxemburgués Rob Krier, mientras entre los españoles no podemos olvidar al donostiarra Miguel Garay, el gaditano Manuel Paredes Grosso, el segoviano José Miguel Merino de Cáceres, el zaragozano José Manuel Pérez Latorre, el bogotano Andrés Perea, profesor carismático en la Escuela de Arquitectura de Madrid, y el ingeniero humanista Julio Martínez Calzón, especialista en estructuras mixtas y constructor de innumerables puentes.

Epílogo

Al cerrar esta crónica en 2024, un año que estará previsiblemente marcado por las urnas y las armas, cabe desear que las elecciones a las que se enfrentará más de la mitad de la humanidad —ya que se celebran, entre otros países, en la India, Estados Unidos, Rusia o la Unión Europea— no marquen un nuevo hito en el declive de la democracia; y cabe igualmente hacer votos por que las guerras en curso —en Ucrania y Oriente Medio, pero también en numerosos rincones ignorados del mundo— lleguen a su término, y se recupere algo semejante a la gobernanza global. Los riesgos a que se enfrenta el planeta, desde los climáticos a los sanitarios, y los conflictos que inevitablemente suscitarán la pugna por recursos como el agua o los grandes desplazamientos migratorios, exigen un empeño solidario que la actual fractura entre Occidente y el Sur Global hace difícilmente verosímil, así que habrá que volver a reclamar el optimismo de la voluntad frente al pesimismo de la inteligencia.

Este volumen de anales sirve de colofón a un conjunto de 36 que han agrupado temáticamente artículos publicados en el diario *El País* o en las revistas *AV* y *Arquitectura Viva.* La lista completa de títulos y un breve resumen de cada una de las cuatro series en que se han dividido —Retratos, Maestros, Debates, Balances— se añade a continuación.

Lista de títulos

En su labor como crítico, Luis Fernández-Galiano ha seguido de cerca la trayectoria de las principales figuras del panorama contemporáneo, y la colección Retratos recoge textos sobre algunos de los arquitectos a quienes más ha tratado. Ilustrados con dibujos de los propios protagonistas y enriquecidos con entrevistas, semblanzas y análisis de obras, estos libros quieren ofrecer retratos pixelados de los maestros actuales, informativos y críticos a la vez.

Moneo el profesor aborda la dimensión académica del pritzker español para sugerir las lecciones que incorpora en cada uno de sus edificios. *Foster en el futuro* recopila la caudalosa obra del británico subrayando la continuidad entre sus visionarios proyectos. *Koolhaas surrealista* desgrana los quiebros formales e intelectuales de un holandés tan influyente por sus edificios como por sus publicaciones. *Piano o el constructor* refiere los esfuerzos del genovés por aunar en sus trabajos el refinamiento técnico con la pericia artesana. *Gehry artista e icono* da cuenta de la exuberancia creativa del autor del Guggenheim bilbaíno, inevitable protagonista del volumen. *Herzog & de Meuron* documenta la andadura del dúo de Basilea, siempre animada por el espíritu de investigación. *Eisenman deconstruido* revisa el pensamiento de un estadounidense marcado por sus inquietudes filosóficas. Y más cercanos en lo geográfico, *El caso Calatrava* comenta los hitos construidos de un personaje tan singular como polémico, mientras que *Memoria de Miralles* evoca con nostalgia el talento del prematuramente desaparecido catalán.

Colección Retratos

Luis Fernández-Galiano

MONEO
EL PROFESOR

Arquitectura Viva

Luis Fernández-Galiano

FOSTER
EN EL FUTURO

Arquitectura Viva

Luis Fernández-Galiano

KOOLHAAS
SURREALISTA

Arquitectura Viva

Luis Fernández-Galiano

PIANO
O EL CONSTRUCTOR

Arquitectura Viva

Luis Fernández-Galiano

GEHRY
ARTISTA E ICONO

Arquitectura Viva

Luis Fernández-Galiano

HERZOG &
DE MEURON

Arquitectura Viva

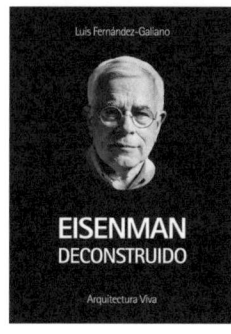

Luis Fernández-Galiano

EISENMAN
DECONSTRUIDO

Arquitectura Viva

Luis Fernández-Galiano

EL CASO
CALATRAVA

Arquitectura Viva

Luis Fernández-Galiano

MEMORIA DE
MIRALLES

Arquitectura Viva

La colección Maestros agavilla diferentes textos de Luis Fernández-Galiano que recorren cien años de historia de la arquitectura a través de sus principales protagonistas. De la pléyade de arquitectos que dio alas al Movimiento Moderno a los jóvenes creadores que transforman el mundo actual, pasando por los que con sus palabras armaron los discursos teóricos del siglo, cada uno de estos libros ofrece un racimo de reseñas biográficas y comentarios de proyectos señeros, pinceladas de un gran retrato de familia en el que concurren figuras nacionales e internacionales, de ayer y de hoy.

Los maestros modernos se ocupa en detalle de los cinco principales exponentes de la revolución moderna, unánimemente aclamados como figuras esenciales del canon: Wright, Mies, Le Corbusier, Aalto y Kahn. Por su parte, *Maestros singulares* rescata las trayectorias de otras dos docenas de figuras —profesionales del ramo, pero también ingenieros, urbanistas o visionarios—, nacidos entre 1870 y 1912, que también hicieron del siglo xx un fértil campo de innovación. *Los maestros del mundo* y *Maestros españoles* son dos ternas de volúmenes que cubren la carrera de arquitectos nacidos a partir de 1913, con una especial atención a los grandes nombres de nuestro país, con los que el autor ha compartido lazos profesionales y personales. Por último, *Maestros de escritura* homenajea a treinta personalidades del campo de la teoría y la crítica, que si bien no dejan obra construida, han firmado textos que han influido indeleblemente en el arte de hacer edificios.

Colección Maestros

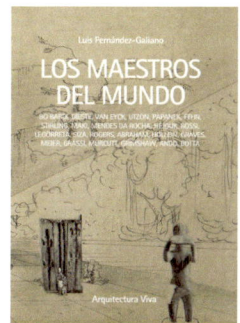

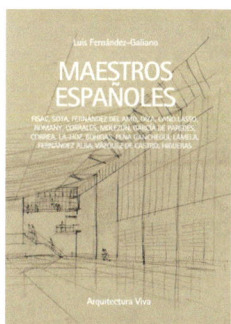

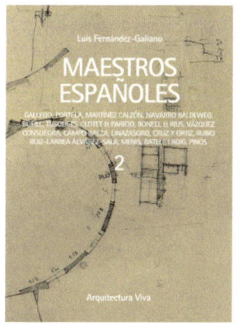

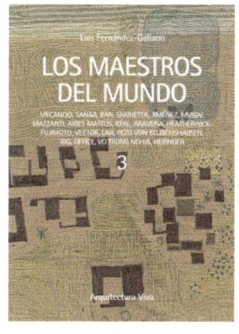

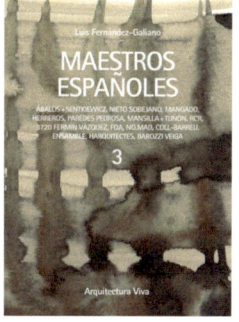

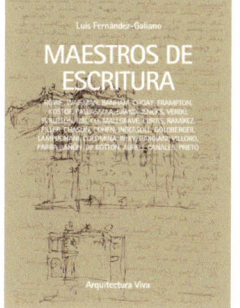

Los trazos agitados de nueve pintoras ilustran en portada las mudanzas intelectuales y sociales que han marcado los tiempos más recientes. De este tránsito da cuenta la colección Debates, testimonio de los principales temas que han ocupado a Luis Fernández-Galiano tanto en su tiempo como crítico del diario *El País* como al frente de *AV / Arquitectura Viva.* De la situación sociopolítica del mundo a las cuestiones artísticas o ambientales que afectan a la arquitectura, sin olvidar el estado y las inquietudes de la profesión, nueve conjuntos de artículos revisan las cuatro últimas décadas intercalando crónicas con reseñas, y avivan la reflexión sobre el punto en que nos encontramos actualmente.

Los dos primeros volúmenes, *La edad del descontento* y *Las ruinas y los muros,* abordan las convulsiones de un planeta acuciado por las pugnas políticas y las dificultades económicas, examinando las ansiedades contemporáneas frente al futuro. *Territorios mutantes* y *Modelos de habitar* se centran en la relación entre ciudad y casa, deteniéndose en las mutaciones del tapiz urbano y del espacio privado. Por su parte, *Futuros del pasado* y *Bellezas imperfectas* exploran los vínculos de la arquitectura con la historia, la memoria y el arte, así como el papel de los profesionales en la transformación de los museos, la conservación del patrimonio o la creación plástica. Las tres últimas entregas, *Estética y materia, Desacuerdos modernos* y *Naturaleza viva,* registran los cambios estilísticos de un período marcado por la posmodernidad y la acuciante preocupación ecológica.

Colección Debates

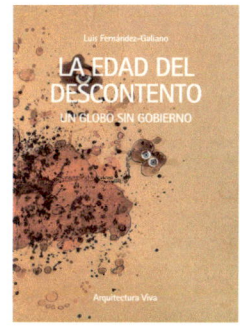

Luis Fernández-Galiano

LA EDAD DEL DESCONTENTO

UN GLOBO SIN GOBIERNO

Arquitectura Viva

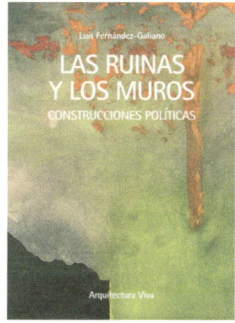

Luis Fernández-Galiano

LAS RUINAS Y LOS MUROS

CONSTRUCCIONES POLÍTICAS

Arquitectura Viva

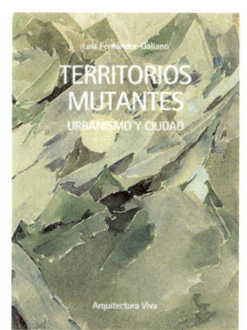

Luis Fernández-Galiano

TERRITORIOS MUTANTES

URBANISMO Y CIUDAD

Arquitectura Viva

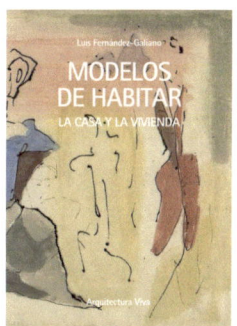

Luis Fernández-Galiano

MODELOS DE HABITAR

LA CASA Y LA VIVIENDA

Arquitectura Viva

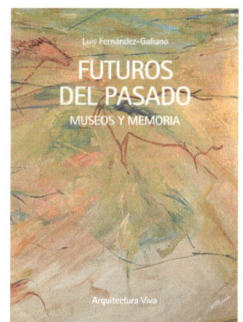

Luis Fernández-Galiano

FUTUROS DEL PASADO

MUSEOS Y MEMORIA

Arquitectura Viva

Luis Fernández-Galiano

BELLEZAS IMPERFECTAS

EL ARTE Y LOS ARTISTAS

Arquitectura Viva

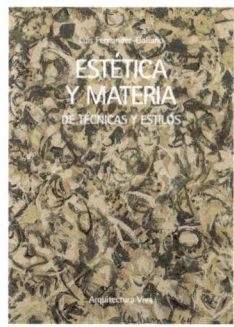

Luis Fernández-Galiano

ESTÉTICA Y MATERIA

DE TÉCNICAS Y ESTILOS

Arquitectura Viva

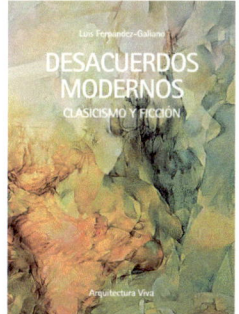

Luis Fernández-Galiano

DESACUERDOS MODERNOS

CLASICISMO Y FICCIÓN

Arquitectura Viva

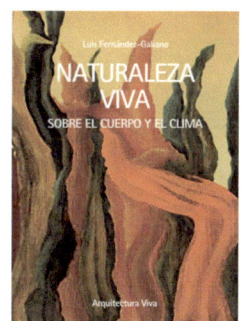

Luis Fernández-Galiano

NATURALEZA VIVA

SOBRE EL CUERPO Y EL CLIMA

Arquitectura Viva

Desde la canica azul que en los setenta plasmó la belleza frágil de la Tierra, las imágenes de satélite nos han permitido contemplar nuestro planeta tanto con óptica analítica como con deleite estético, y esta doble mirada es la que anticipan las portadas cenitales de la colección Balances. Con el afán de condensar los principales debates sociales, históricos o geográficos en torno a la arquitectura, Luis Fernández-Galiano reúne en nueve volúmenes artículos procedentes de *AV/Arquitectura Viva* y *El País,* pero también ponencias en congresos, capítulos de libros, discursos y reseñas, que en conjunto proporcionan coordenadas para situarnos mejor en nuestro lugar y nuestro tiempo.

El primer volumen, *Panoramas del mundo,* presenta siete parejas de textos que dan cuenta del clima intelectual de la disciplina, mientras que el segundo, *Pensamiento visual,* explora los medios de difusión que enlazan la teoría y la crítica de la arquitectura con su comunicación al público. Por su parte, *Tipos edificados* agrupa por categorías distintos escritos sobre edificios, en una taxonomía que va de grandes rascacielos a modestos equipamientos culturales. Las dos siguientes entregas, *Lecciones nacionales* y *Espacios españoles,* reflexionan sobre el devenir histórico de España y la identidad cambiante de la nación. Finalmente, *Estampas madrileñas, Una España plural, Esa Europa posible* y *Los otros continentes* componen un atlas en fascículos que propone al lector un viaje de lo local a lo global para terminar de perfilar una evaluación crítica del actual estado del mundo.

Colección Balances

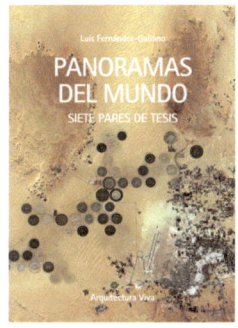

Luis Fernández-Galiano
PANORAMAS DEL MUNDO
SIETE PARES DE TESIS
Arquitectura Viva

Luis Fernández-Galiano
PENSAMIENTO VISUAL
CRÍTICAS Y CRÓNICAS
Arquitectura Viva

Luis Fernández-Galiano
TIPOS EDIFICADOS
LO GRANDE Y LO PEQUEÑO
Arquitectura Viva

Luis Fernández-Galiano
LECCIONES NACIONALES
ESPAÑA Y SU FANTASMA
Arquitectura Viva

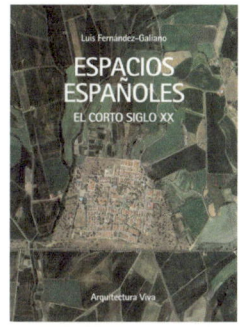

Luis Fernández-Galiano
ESPACIOS ESPAÑOLES
EL CORTO SIGLO XX
Arquitectura Viva

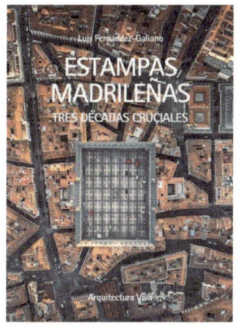

Luis Fernández-Galiano
ESTAMPAS MADRILEÑAS
TRES DÉCADAS CRUCIALES
Arquitectura Viva

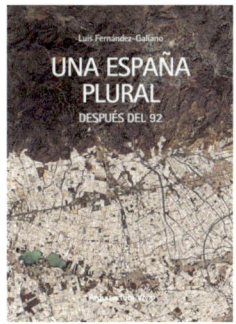

Luis Fernández-Galiano
UNA ESPAÑA PLURAL
DESPUÉS DEL 92
Arquitectura Viva

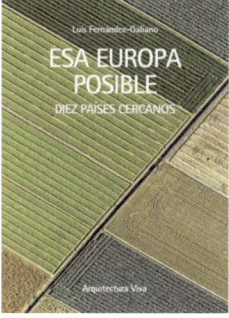

Luis Fernández-Galiano
ESA EUROPA POSIBLE
DIEZ PAÍSES CERCANOS
Arquitectura Viva

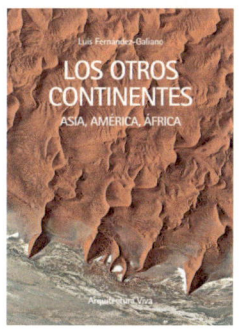

Luis Fernández-Galiano
LOS OTROS CONTINENTES
ASIA, AMÉRICA, ÁFRICA
Arquitectura Viva